Cécile

Crochet bohème

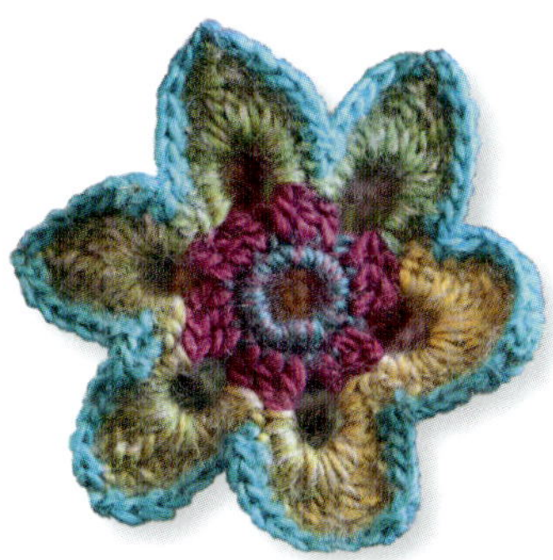

LE TEMPS APPRIVOISÉ

Merci à Manoush, aux Touristes, à une Fée dans l'Atelier pour le prêt des vêtements, des objets de déco et des accessoires, merci à Victoria Hove et Eleonore Declercq pour avoir joué les mannequins d'un jour.
Merci à Aimée Gille, Gwenola Guidé, Nadine et Michel Konnicke, Nathalie Locquen, Laurence Wichegrod pour leur aide et leurs précieux conseils. Merci à Pierre le Fur pour son accueil.
Roulottes : Musée *Un siècle de roulottes*, Saint-Quentin-la-Poterie.
Merci à Monique Bonnin qui a illustré la carte, et à Pödane qui a prêté ses toiles.
Merci à vous tous qui me suivez et me soutenez sur le Net depuis toutes ces années...

Retrouvez l'auteur sur son blog :
Eclectic gipsyland (http://gipsybazar.blogspot.fr/)

Direction éditoriale : Valérie Gendreau
Édition : Isabelle Riener
Relecture : Annie Testard-Louange
Conception graphique : Anne Bénoliel-Defréville
Mise en pages : Frédérique Buisson
Couverture : Coline de Graaff
Photographies : Claire Curt
Stylisme : Florence Le Maux
Fabrication : Géraldine Boilley-Hautbois, Louise Martinez
Photogravure : Nord Compo

ISSN : 2101-1168
ISBN : 978-2-299-00179-1
Dépôt légal : janvier 2013

Le Temps Apprivoisé
7, rue des Canettes
75006 Paris

http://www.letempsapprivoise.fr

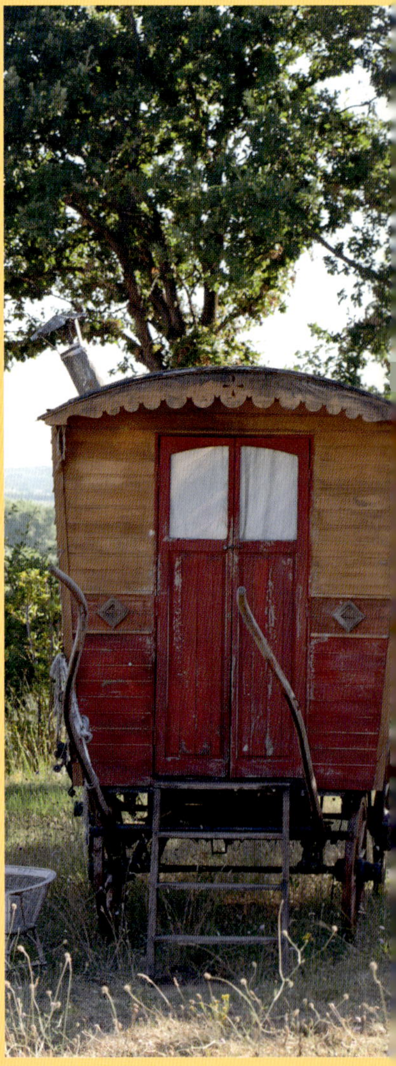

Sommaire

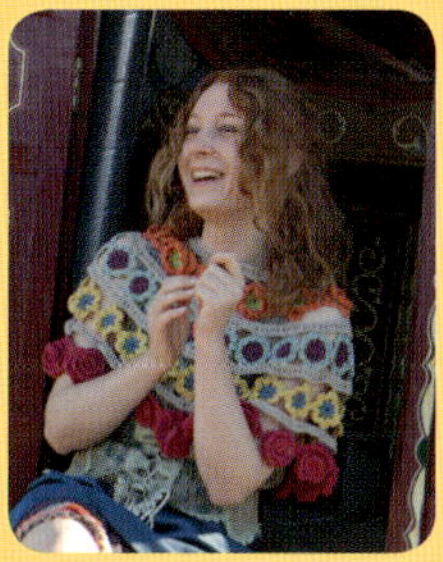

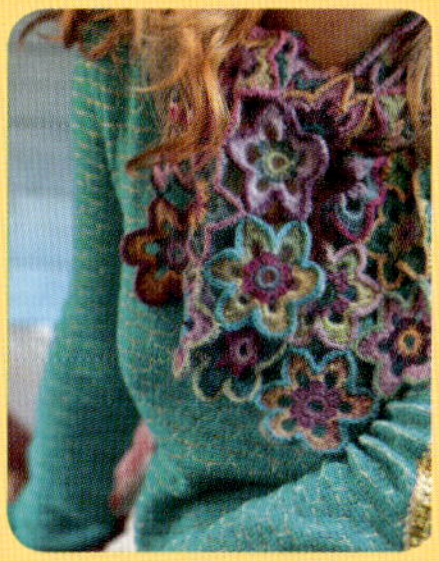

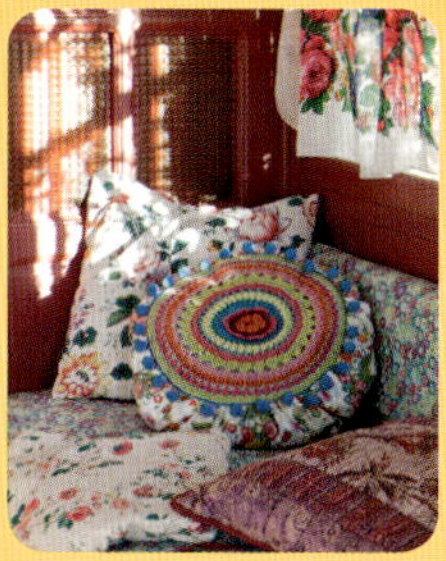

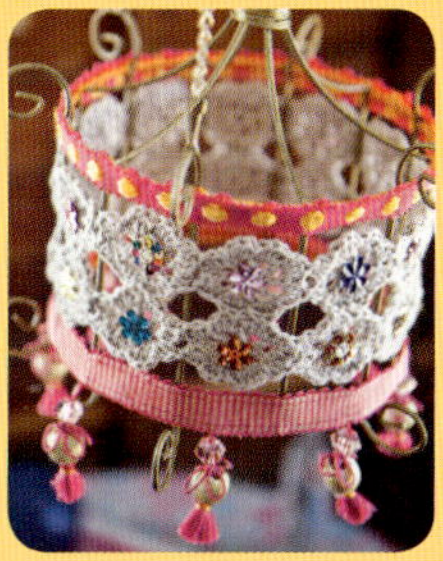

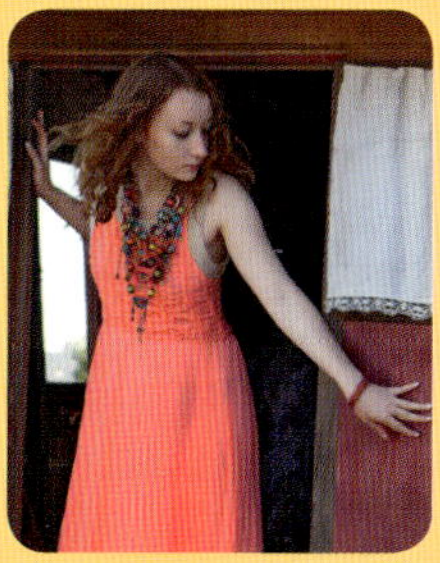

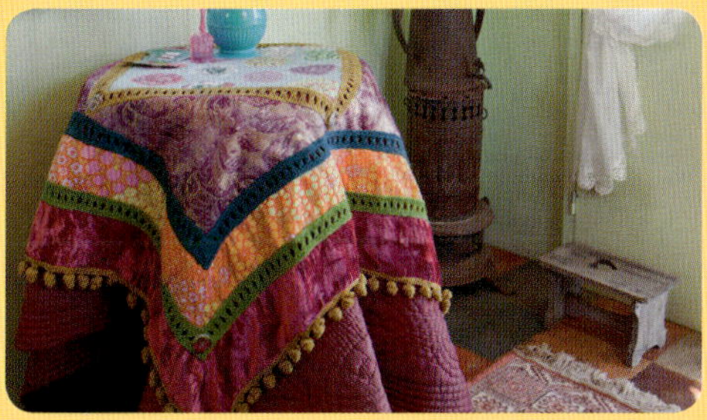

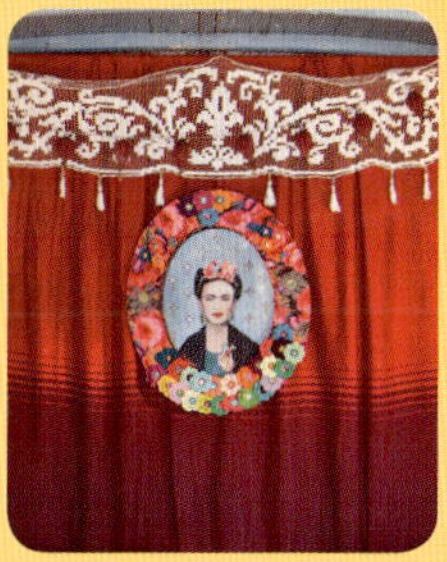

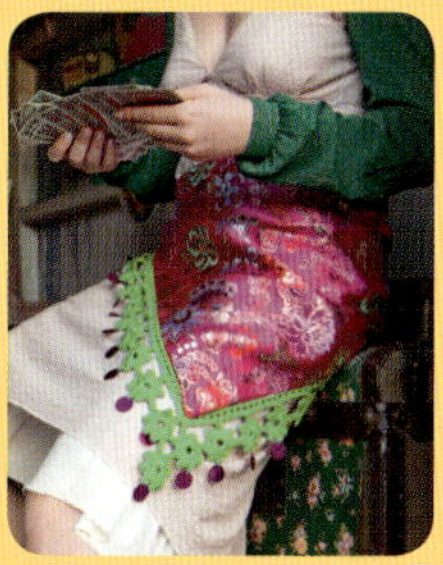

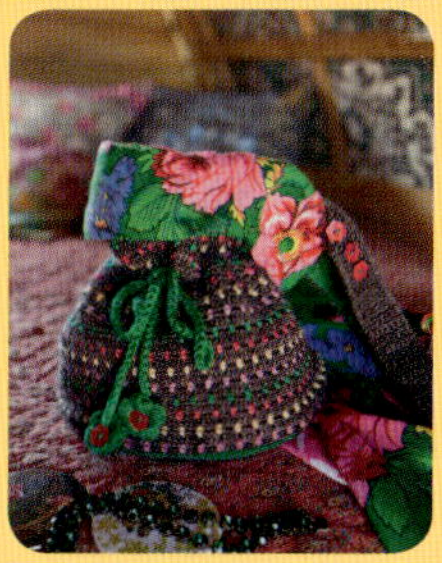

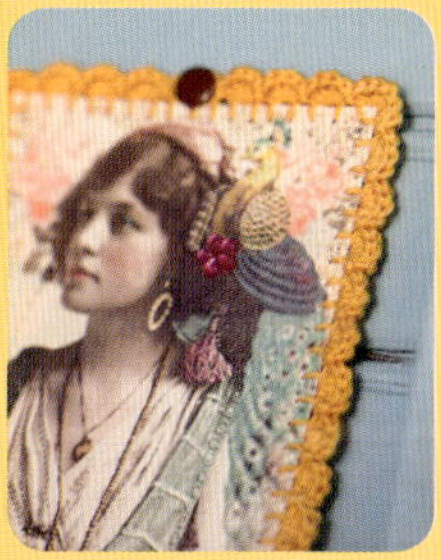

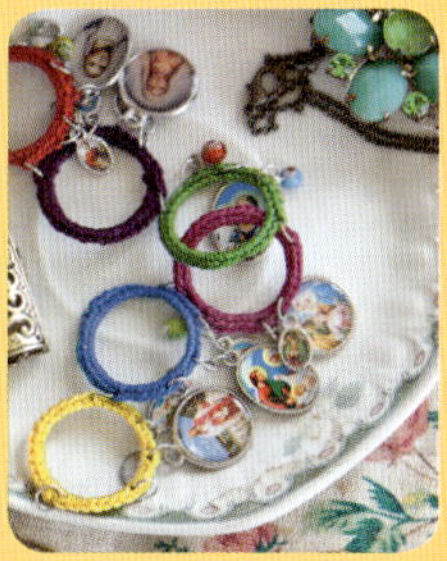

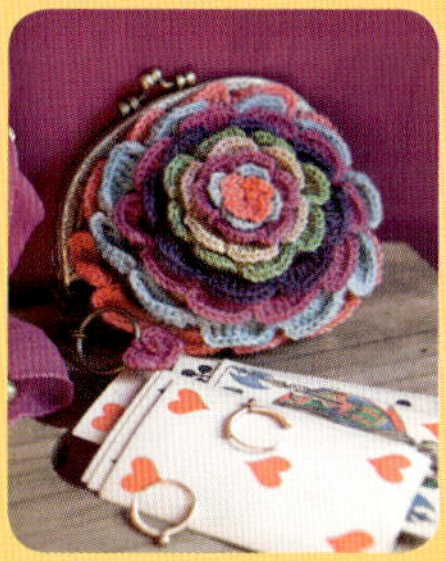

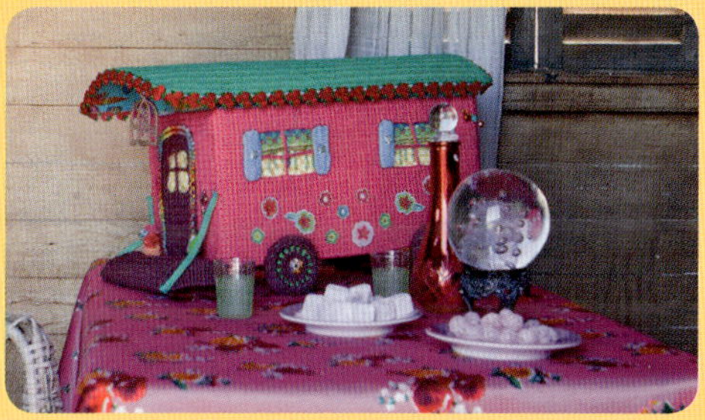

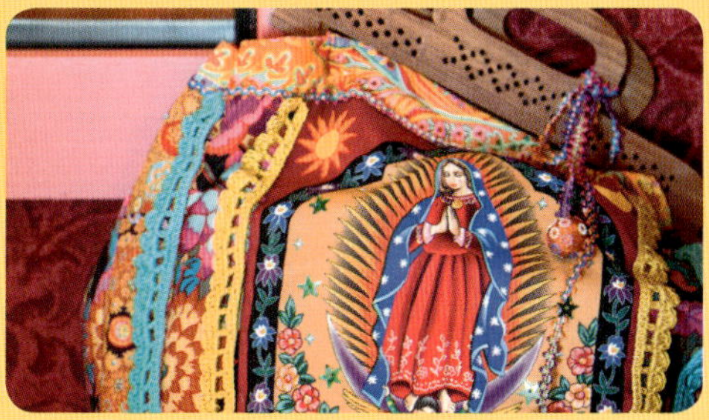

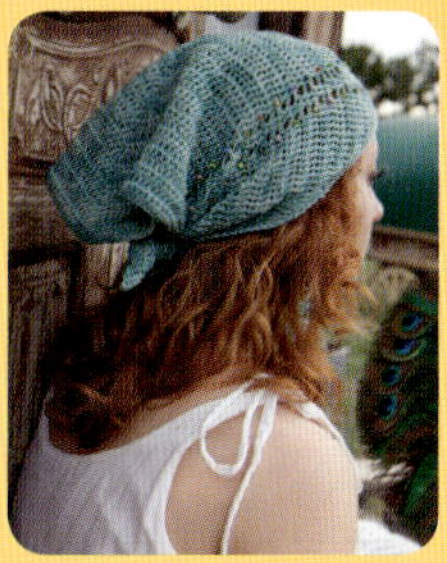

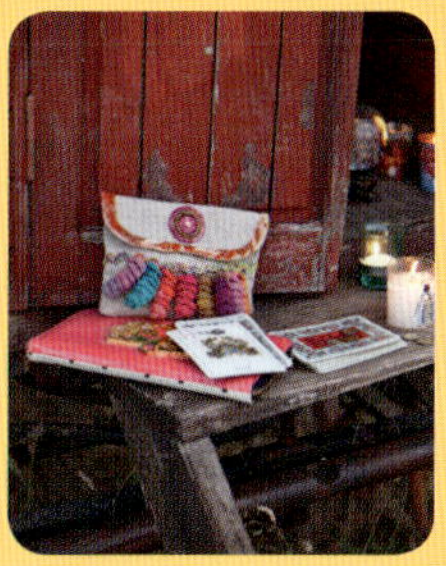

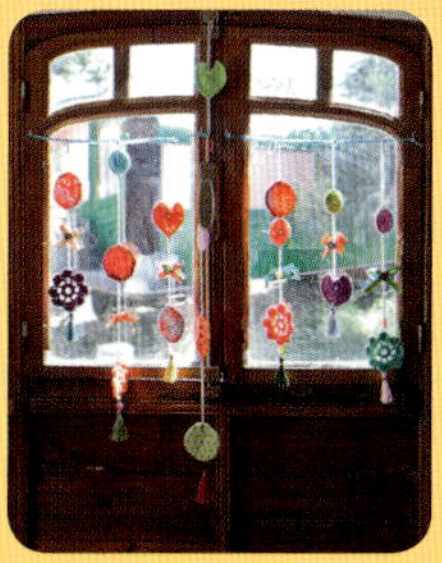

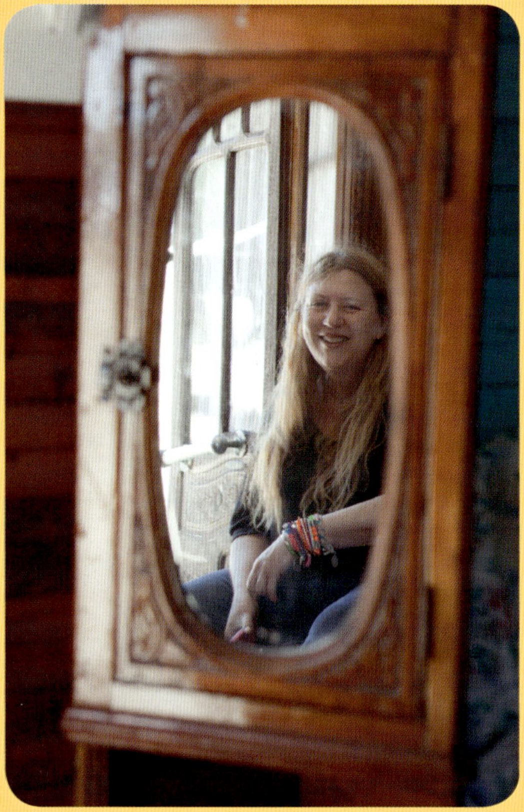

L'univers de Cécile

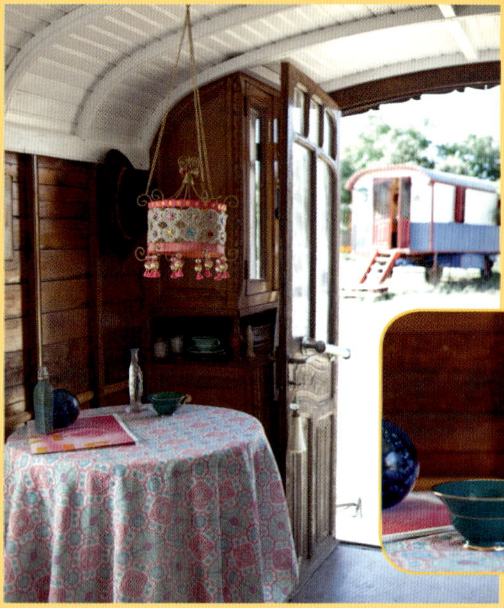

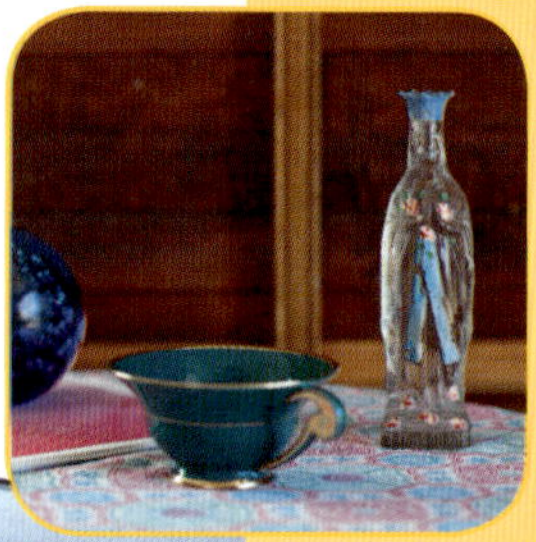

Éclectique, j'aime les matières nobles
et précieuses, tout autant que la récup',
j'aime redonner vie aux trésors qui dorment
au fond de mes tiroirs, les mélanger et en faire
des objets d'exception.
Mes influences sont multiples et toujours
renouvelées. J'adore faire se télescoper les styles,
les lieux, les époques, sortir des sentiers battus,
privilégier le détail qui grince.
Il n'y a pas de couleur laide. De la manière
de les marier entre elles naît pour moi
leur beauté.
Un fil. Des fils. Un crochet. Et d'infinies possibilités.
Une technique ancestrale, beaucoup
plus simple qu'on ne le croit,
à la portée de toutes et...
de tous.

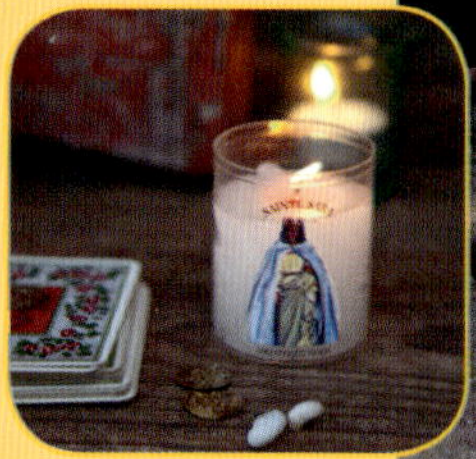

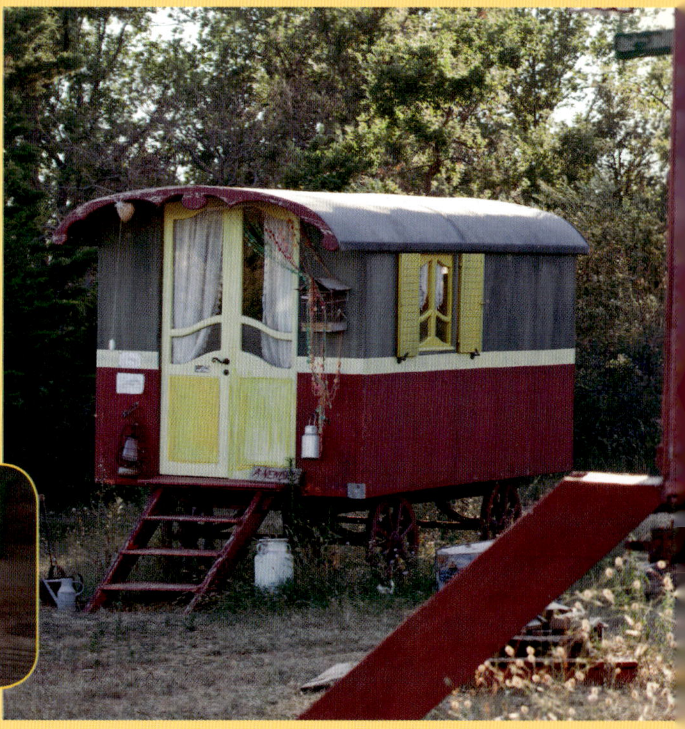

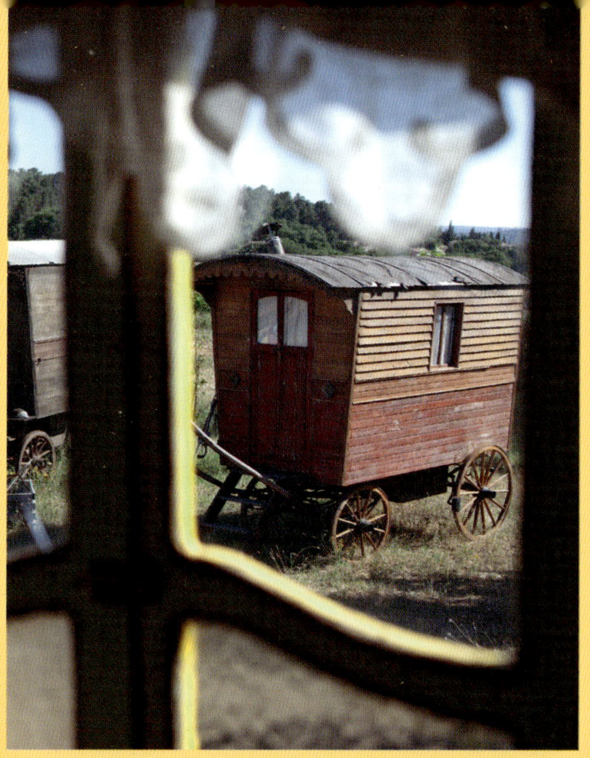

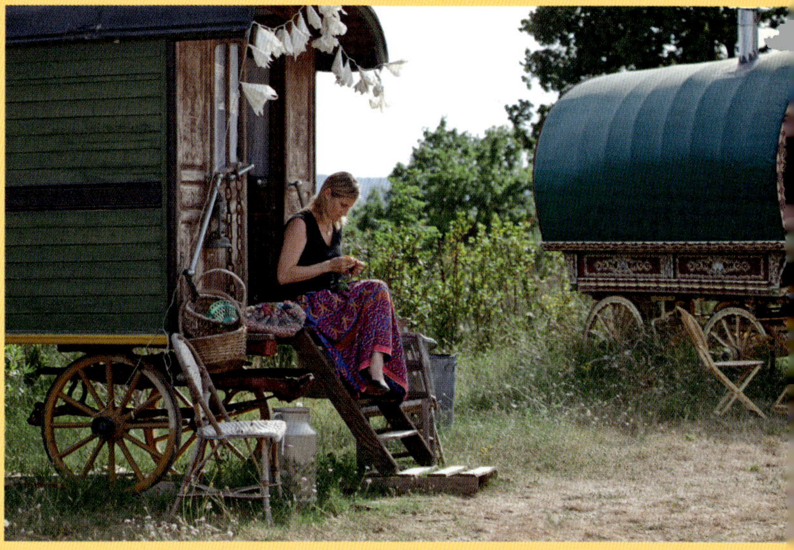

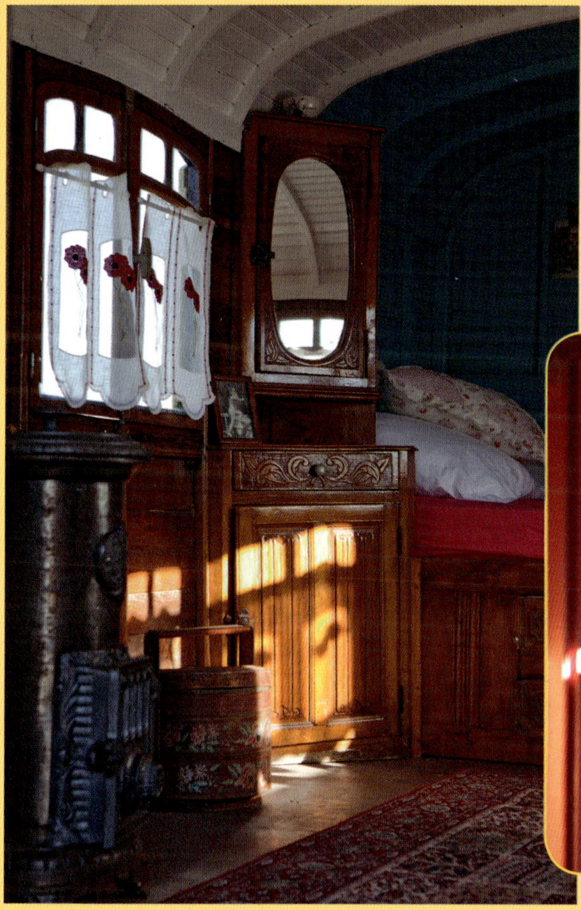

J'ai souhaité renouveler la tradition du crochet,
l'inscrire dans notre vie d'aujourd'hui.
Le crochet est nomade, on peut emporter son ouvrage partout avec soi. Les précieuses roulottes dans lesquelles ont été photographiés mes créations, sont l'écrin de ces souvenirs, glanés au cours de mes voyages imaginaires.
La bohème est un art de vivre, loin des effets de mode.
Osez, faites-vous plaisir, je vous emmène !

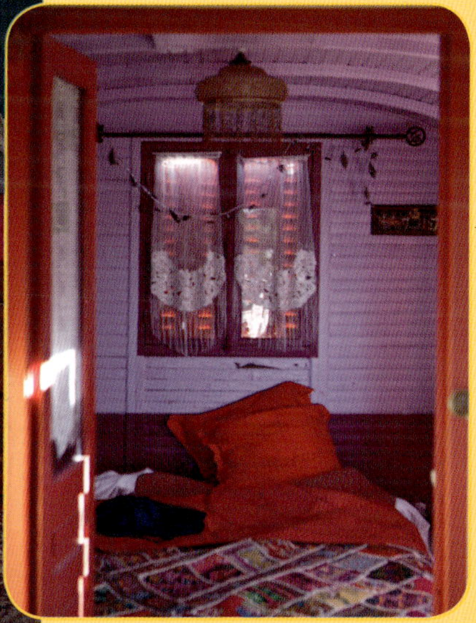

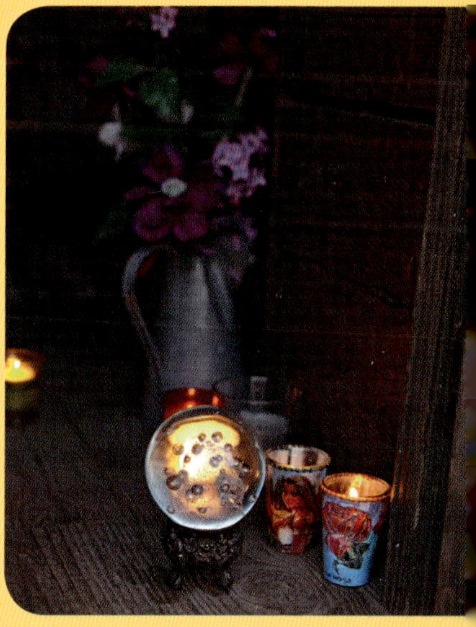

Le matériel

J'ai longtemps pensé que le matériel avait une importance secondaire, considérant que seuls le modèle et le choix des couleurs importaient. Avec l'expérience, j'ai changé d'avis. Voici donc quelques conseils pour bien choisir ses fournitures.

Les crochets

- Ma préférence va aux crochets ergonomiques. Avec eux, crocheter devient un vrai plaisir ; mais vous pouvez tout à fait utiliser les crochets traditionnels du commerce.
- Les crochets sont le plus souvent en métal, mais ils existent aussi en plastique, en bois, en bambou ou en os. La grosseur d'un crochet est indiquée par un numéro sur le manche, qui correspond à la grosseur du fil : plus le numéro est élevé, plus le fil est épais.
- Ainsi, si vous crochetez très serré, servez-vous d'un crochet d'une demi-taille plus élevée, vos mailles seront plus grandes. Si vous crochetez lâche, utilisez un crochet plus fin. Notez que plus on crochète serré, plus l'ouvrage est rigide. Dans ce livre, les numéros de crochet sont donnés à titre indicatif : chacune travaille de manière différente, l'important est que le rendu soit satisfaisant. Aussi, n'hésitez pas à faire des essais avec le fil choisi et différentes tailles de crochets, jusqu'à ce que le résultat vous plaise.

Les fils

- Tout se crochète, même le métal ou le papier ! Comme pour le choix des crochets, je suis persuadée qu'utiliser des fils de qualité fait toute la différence.
- La réalisation d'un ouvrage demande du temps et de la patience, et il est dommage d'utiliser des fils de moindre qualité qui peuvent se détériorer. Il existe toutefois toutes sortes de fils et de toutes grosseurs : coton, laine, soie, acrylique..., jusqu'aux fils fantaisie qui permettent des effets intéressants.
- Les fils sont vendus en pelotes ou en écheveaux. La quantité de fil est indiquée en grammes et en mètres.
- Notez que si un ouvrage qui nécessite un gros fil se crochète vite, il consomme aussi davantage de fil.

Les autres fournitures

- Vous aurez également besoin d'une aiguille à bout rond (une grosse aiguille à tapisserie) pour les coutures, d'un mètre à ruban pour mesurer, de tissu pour les doublures, de perles, de pampilles, de breloques en tout genre...

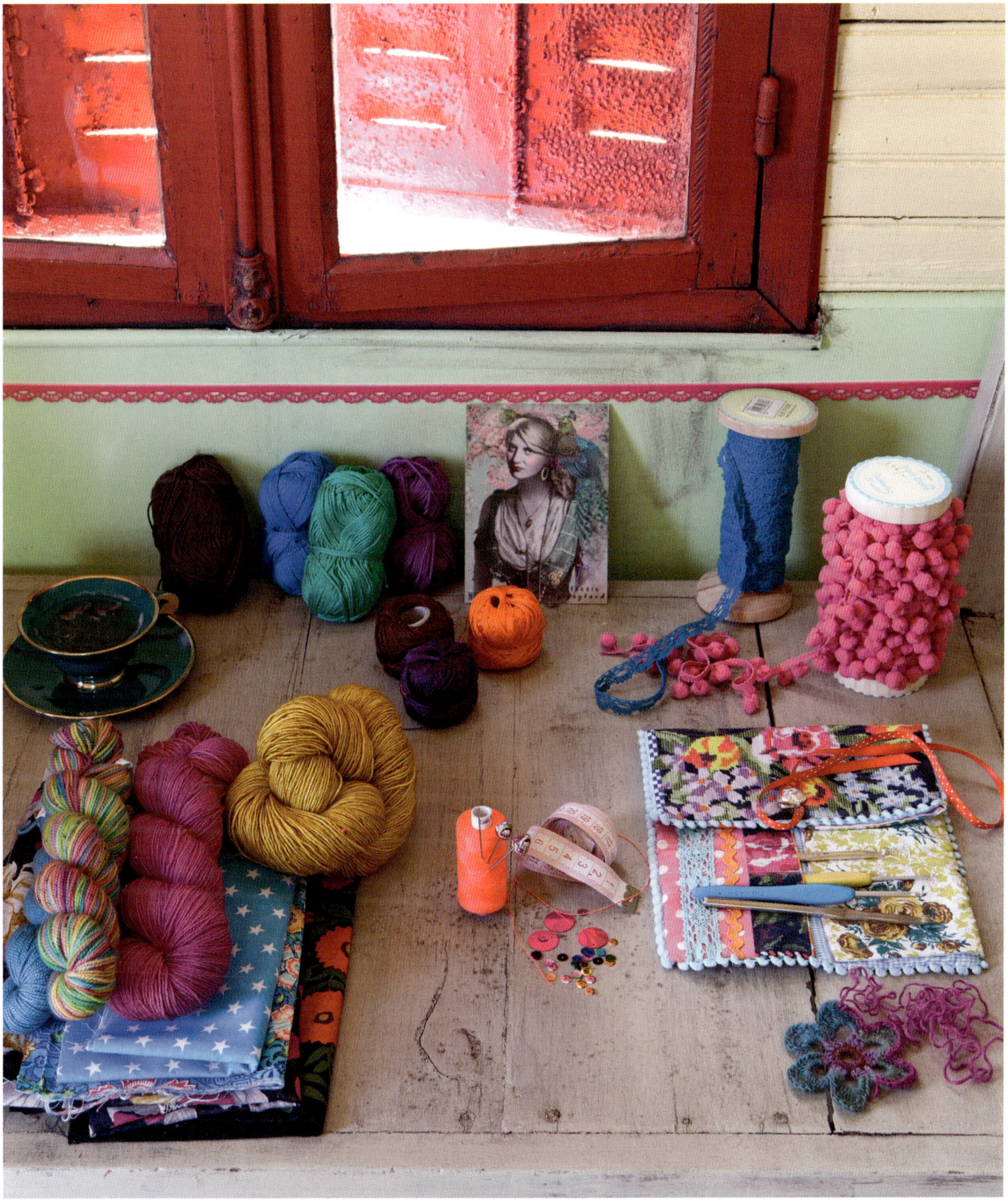

La leçon de crochet

Crocheter est beaucoup plus simple qu'il n'y paraît. Une fois que vous savez réaliser un jeté, ramener le fil, et à quel endroit piquer le crochet, seul le nombre de gestes diffère.
Si vous débutez, entraînez-vous à faire quelques rangées, dans différents points, en crochetant avec des gestes très souples.

LA POSITION DES MAINS

Il existe plusieurs façons de tenir le fil et le crochet. Voici la plus courante, mais laissez parler votre instinct : vous trouverez de vous-même quelle est la manière la plus agréable de crocheter. Le crochet se tient comme un stylo, entre le pouce et l'index. Le fil et l'ouvrage se tiennent de l'autre main.

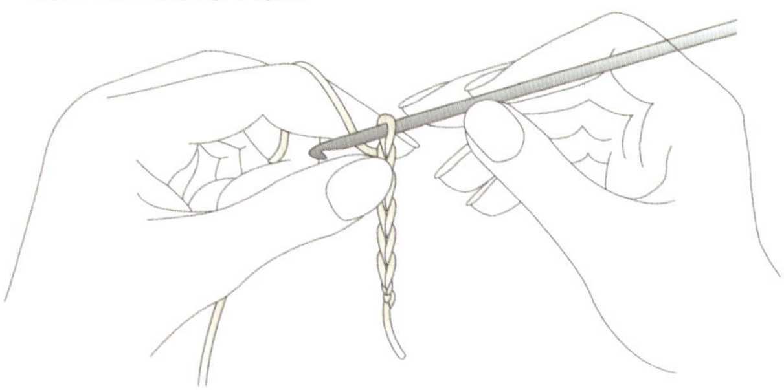

POUR COMMENCER : LE NŒUD COULANT

C'est la base de tous les ouvrages, il ne se compte pas comme une maille. Formez une boucle avec l'extrémité du fil, maintenez-la entre le pouce et le majeur de la main gauche, passez le crochet dans cette boucle, faites un jeté, ramenez le fil à travers la boucle.

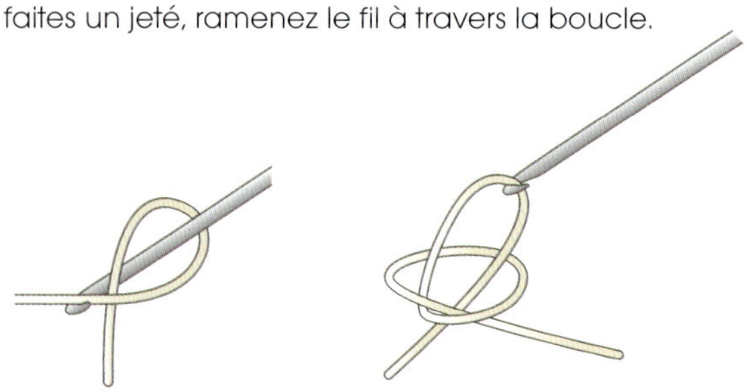

LA MAILLE EN L'AIR (ml) OU MAILLE CHAÎNETTE

1. Faites un jeté.
2. Ramenez le fil à travers la boucle qui se trouve sur le crochet. Vous avez réussi la 1re maille. Continuez ainsi plusieurs fois : une succession de mailles en l'air forme une chaînette.

La chaînette est le rang de base de vos ouvrages, elle est composée d'une succession de mailles en l'air. Dans le cas d'ouvrages crochetés en lignes, utilisez pour la chaînette, un crochet plus gros que le numéro préconisé afin de faciliter le travail.

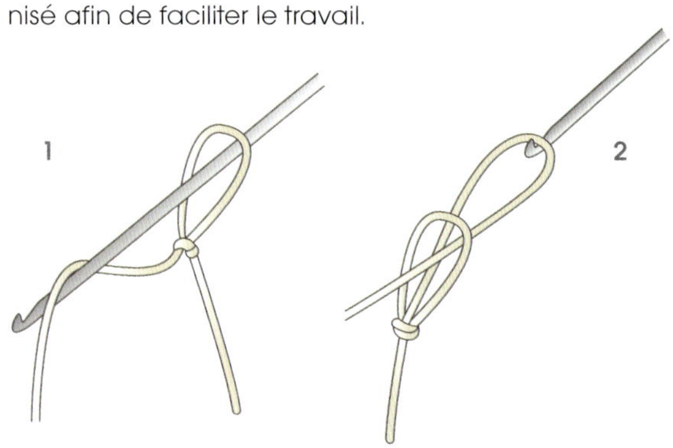

COMPTER LES MAILLES

Les mailles sont visibles, elles se comptent comme indiqué sur le dessin. Le nœud coulant et la boucle qui se trouve sur le crochet ne se comptent pas comme des mailles.

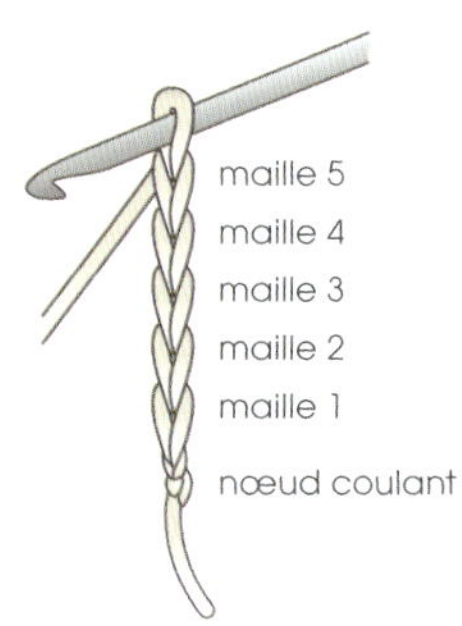

LA MAILLE COULÉE (mc)

C'est une maille qui a plusieurs utilités.

- **Elle sert à border un ouvrage**, et évite qu'un modèle ne se détende (les anses de sac par exemple).

1. Piquez le crochet dans 1 maille, faites un jeté, ramenez la boucle au travers des 2 mailles.

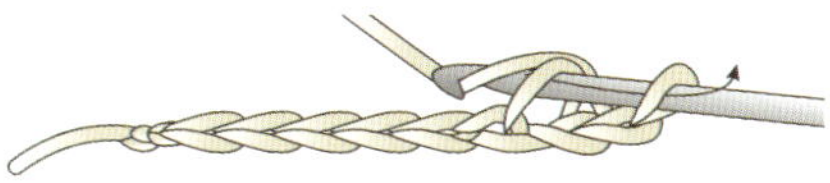

- **Elle sert à fermer un rang** quand on crochète en rond.

1. Piquez le crochet sous les 2 brins de la maille indiquée, faites un jeté, ramenez la boucle au travers des 2 mailles.

- **Elle sert également à assembler 2 motifs** : en réalisant l'assemblage en crochetant, vous évitez ainsi le montage à la main, souvent fastidieux.

LA HAUTEUR DES MAILLES

Les points de base ont des hauteurs différentes. Pour obtenir un ouvrage régulier, vous devez, en début de rang, faire un certain nombre de mailles en l'air.

Le tableau ci-dessous nous montre combien de mailles en l'air vous devez crocheter pour obtenir une maille serrée, une demi-bride, une bride et une double bride.

Équivalences ml débuts de rangs

		Nbre de ml
1 ms	×	0
1 dbr	T	00
1 br	⫯	000
1 dlbr	⫯	0000

LA MAILLE SERRÉE (ms)

1. Faites 1 maille en l'air en début de rang (compte pour 1 maille serrée).
2. Piquez le crochet dans la 3e maille de la chaînette, faites 1 jeté, ramenez la boucle, vous avez 2 boucles sur le crochet, faites de nouveau 1 jeté et passez le fil à travers les 2 boucles. Vous obtenez 1 maille serrée.
3. Pour la maille serrée suivante, piquez le crochet dans la maille chaînette suivante et répétez les mêmes opérations.
4. Répétez la même opération dans chaque maille de la chaînette (le nœud de départ ne compte pas comme une maille).

Pour le rang suivant, tournez l'ouvrage sur l'autre face (vous êtes sur l'envers), faites une maille en l'air et piquez le crochet sous les 2 brins de la maille du rang précédent.

1
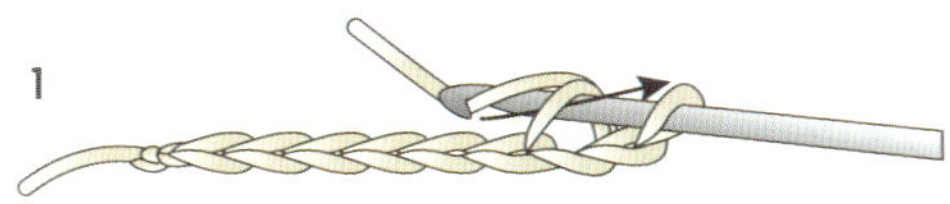

2
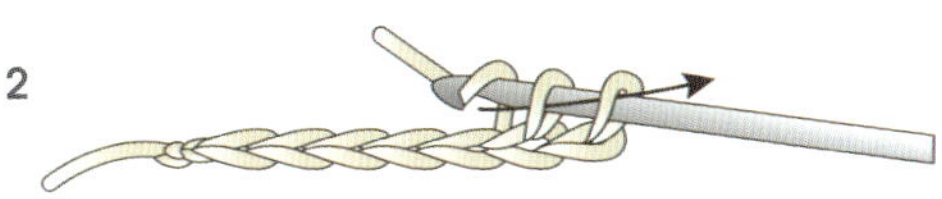

3
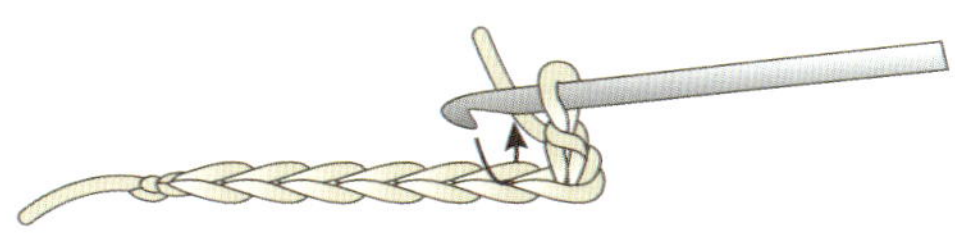

4
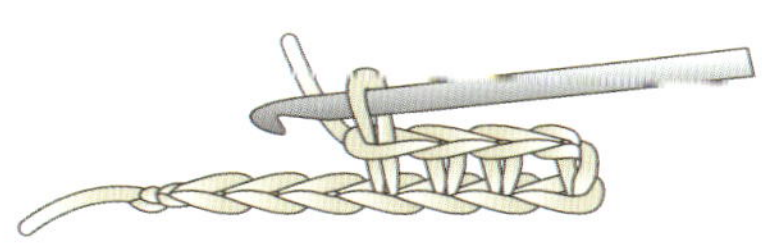

LA DEMI-BRIDE (dbr)

La demi-bride est plus haute que la maille serrée. Un rang de demi-brides se commence toujours par 2 mailles en l'air. Faites 2 mailles en l'air en début de rang (comptent pour 1 demi-bride).

1. Faites un jeté, piquez le crochet dans la 4e maille de la chaînette, et ramenez le fil à travers la 1re boucle qui est sur le crochet. Vous avez 3 boucles sur le crochet.
2. Faites un nouveau jeté, et ramenez le fil à travers les 3 boucles. Vous obtenez une demi-bride.
3. Pour faire la demi-bride suivante, répétez les mêmes opérations.

Pour le rang suivant, tournez l'ouvrage sur l'autre face (vous êtes sur l'envers), faites 2 mailles en l'air, et piquez le crochet sous les 2 brins de la maille du rang précédent.

1

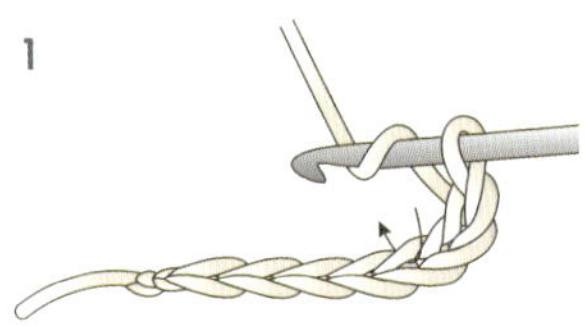

2

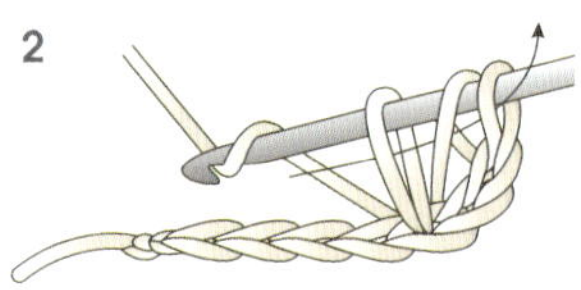

3

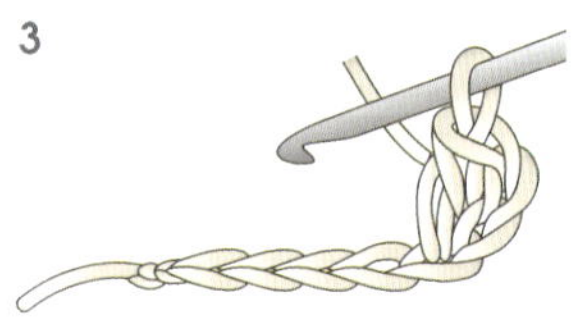

LA BRIDE (br)

La bride est plus haute que la demi-bride. Un rang de brides se commence toujours par 3 mailles en l'air.

1. Faites 3 ml en début de rang (comptent pour 1 br). Faites un jeté, piquez le crochet dans la 5e maille de la chaînette, et ramenez le fil à travers la 1re boucle qui est sur le crochet. Vous avez 3 boucles sur le crochet.
2. Faites un nouveau jeté et ramenez le fil à travers les 2 premières boucles qui se trouvent sur le crochet. Il reste 2 boucles sur le crochet.
3. Faites un dernier jeté et ramenez le fil à travers les deux dernières boucles
4. Vous obtenez une bride. Pour la bride suivante, répétez les mêmes opérations.

Pour le rang suivant, tournez l'ouvrage sur l'autre face (vous êtes sur l'envers), faites 3 mailles en l'air et piquez le crochet sous les 2 brins de la maille du rang précédent.

1

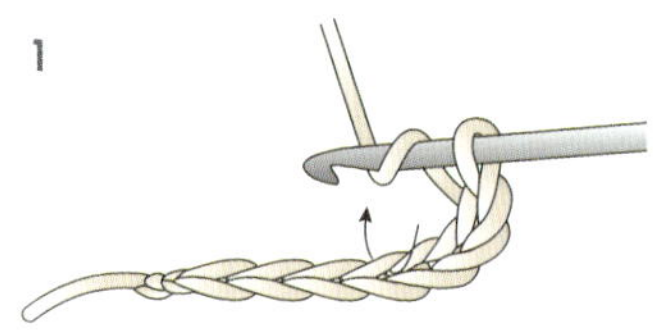

2

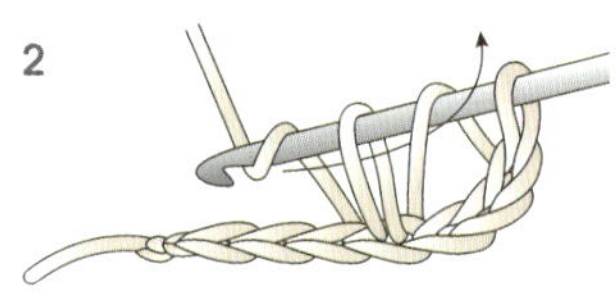

3

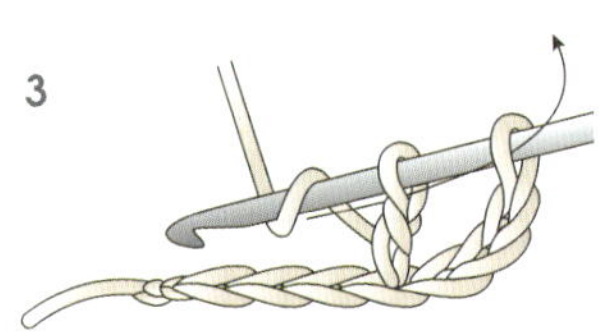

4

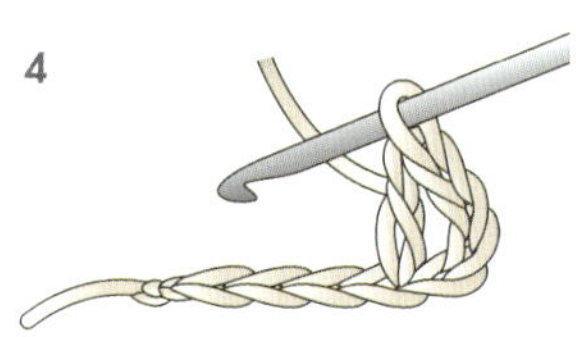

LA DOUBLE BRIDE (dlbr)

La double bride est plus haute que la bride. Un rang de doubles brides commence toujours par 4 mailles en l'air.

1. Faites 4 mailles en l'air en début de rang (comptent pour 1 double bride).
2. Faites 2 jetés, piquez le crochet dans la 6e maille de la chaînette, et ramenez le fil à travers la 1re boucle qui est sur le crochet. Vous avez 4 boucles sur le crochet.
3. Faites un nouveau jeté, et ramenez le fil à travers les 2 premières boucles. Il reste 3 boucles sur le crochet.
4. Faites un nouveau jeté et ramenez le fil à travers les 2 premières boucles. Faites un dernier jeté et ramenez le fil à travers les 2 boucles restantes. Vous obtenez une double-bride.
5. Pour la double bride suivante, répétez les mêmes opérations.

Pour le rang suivant, tournez l'ouvrage sur l'autre face (vous êtes sur l'envers), faites 4 mailles en l'air, et piquez le crochet sous les 2 brins de la maille du rang précédent.

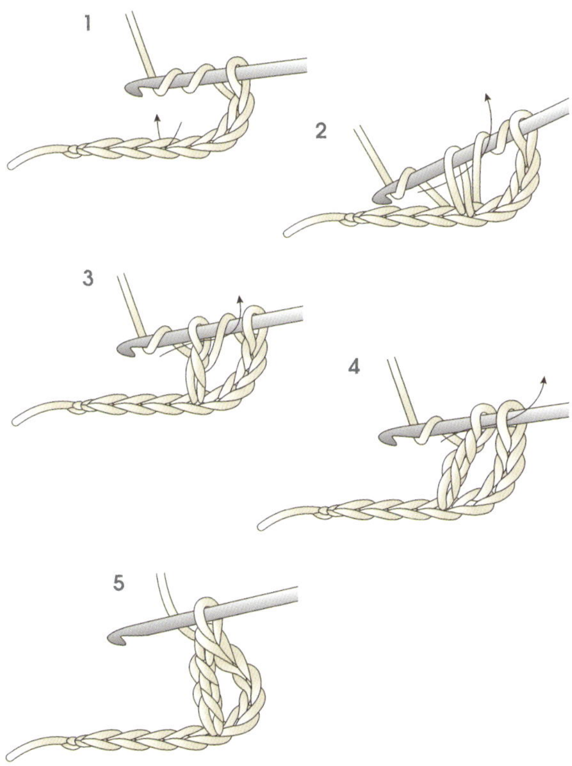

3 BRIDES FERMÉES ENSEMBLE

1. Faites un jeté, piquez le crochet maille et ramenez le fil à travers la 1re boucle qui est sur le crochet. Vous avez 3 boucles sur le crochet.
2. Faites un nouveau jeté, et ramenez le fil à travers les 2 premières boucles qui se trouvent sur le crochet. Il reste 2 boucles sur le crochet.
3. Faites un jeté, piquez dans la même maille, et ramenez le fil à travers la 1re boucle qui est sur le crochet. Vous avez 4 boucles sur le crochet.
4. Faites un nouveau jeté, ramenez le fil à travers les 2 premières boucles qui se trouvent sur le crochet, il reste 3 boucles sur le crochet.
5. Faites un jeté, piquez toujours dans la même maille, et ramenez le fil à travers la première boucle qui se trouve sur le crochet, vous avez 5 boucles sur le crochet. Faites un nouveau jeté, ramenez le fil à travers les 2 premières qui se trouvent sur le crochet, vous avez 4 boucles sur le crochet et trois brides inachevées. Faites un dernier jeté, et ramenez les 4 boucles qui se trouvent sur le crochet.

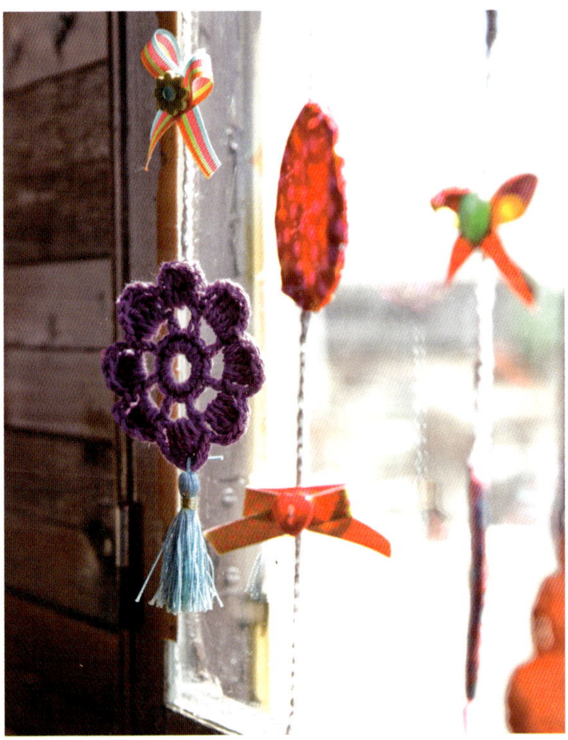

CROCHETER EN ROND

Pour les cercles, les fleurs et certains ouvrages, au lieu de travailler en rangs aller et retour avec un endroit et un envers, vous devez travailler en rond ou en tube, à partir d'une chaînette fermée par une maille coulée. Vous crochetez donc toujours sur l'endroit, et fermez chaque rang par une mc dans une des mailles en l'air du début (celles qui comptent pour la première maille).

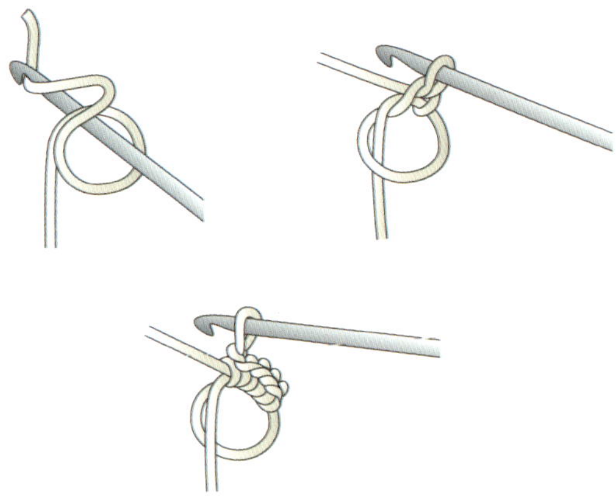

Pour crocheter des mailles en rond

1. Crochetez 1 chaînette du nombre de mailles indiqué, et fermez le cercle par 1 maille coulée dans la première maille.
2. Dans l'anneau ainsi formé, commencez par 1 maille en l'air, puis crochetez le nombre de brides indiqué sur le modèle en piquant au centre de cet anneau, et non pas dans les mailles de la chaînette.
3. Terminez chaque tour par une maille coulée dans la maille en l'air du début du rang.

Le principe est le même avec les demi-brides, les brides et les doubles brides.

CROCHETER DES FLEURS EN RELIEF

Sur certains modèles de fleurs, il est nécessaire de réaliser des rangs en piquant le crochet dans la base de la maille du tour précédent. Dans ce cas, il faut crocheter sur l'arrière du travail.

CHANGER DE COULEUR

J'affectionne tout particulièrement les mélanges de couleurs, mais cela nécessite de rentrer les fils en fin de travail. Aussi, voici une méthode pour éviter ce que beaucoup considèrent comme une corvée.

1. Avant de changer de couleur, fermez le rang par 1 maille coulée.
2. Coupez le fil et laissez une longueur de quelques centimètres. Avec le fil de la couleur suivante, piquez le crochet à un autre endroit de l'ouvrage, et crochetez les 1res mailles en même temps que le morceau de fil du départ, et en le maintenant derrière le travail.
3. Au cours de ce même rang, crochetez de la même façon, en prenant en même temps le fil restant du rang précédent.

Ainsi vos changements de couleurs seront totalement invisibles, et vous n'aurez pas besoin de rentrer vos fils en fin de travail.

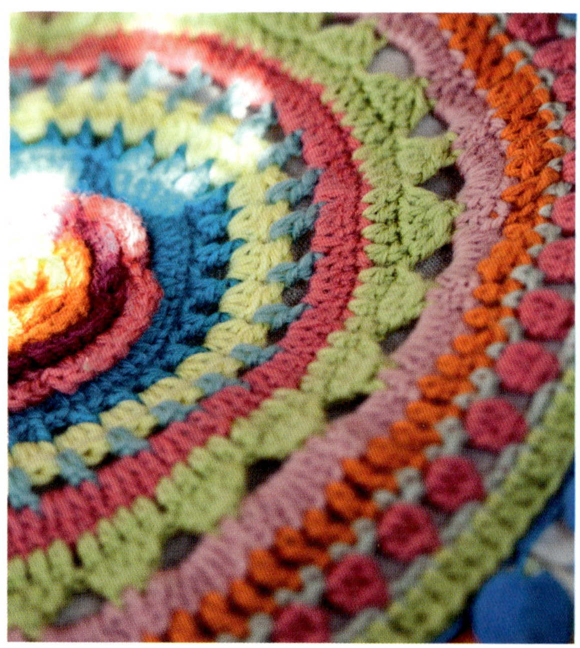

L'ASSEMBLAGE

• À l'aiguille

Utilisez 1 aiguille à laine, placez les 2 pièces à assembler côte à côte. Piquez l'aiguille alternativement sous les mailles de la pièce gauche et de la pièce droite, pour coudre en zigzag.

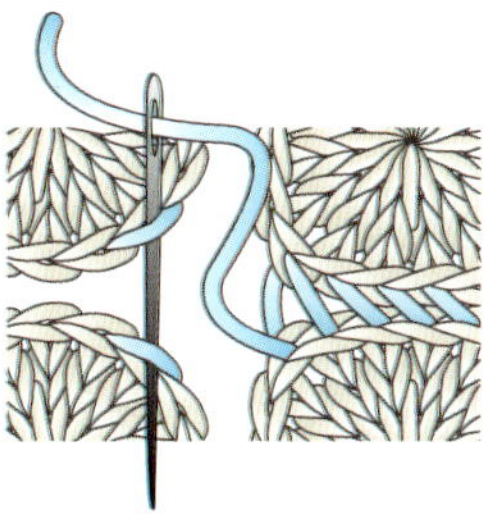

• Avec des mailles serrées

Placez les pièces endroit contre endroit, ou envers contre envers, selon le modèle. Crochetez 1 maille serrée en prenant ensemble les 2 pièces à assembler. Piquez le crochet sous les brins des mailles en vis-à-vis et faites 1 maille serrée.

Si les 2 pièces à assembler sont en mailles serrées, crochetez 1 maille serrée sur chaque maille serrée ; si les 2 pièces à assembler sont en brides, faites 2 mailles serrées dans chaque bride.

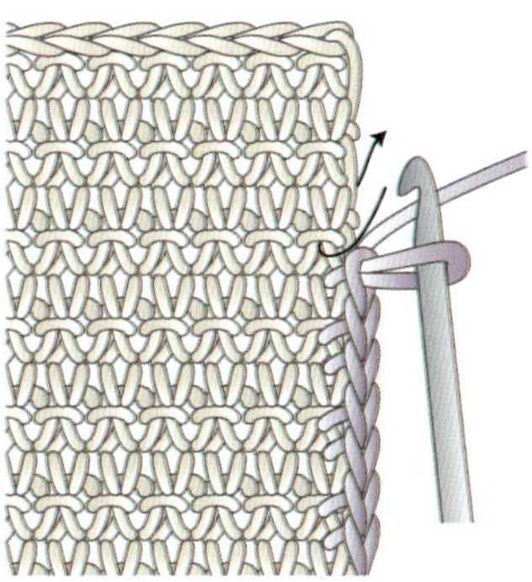

• En crochetant

Cette méthode permet d'éviter l'assemblage à l'aiguille, souvent fastidieux. Lorsque vous crochetez le dernier rang du motif, piquez le crochet dans ou sous la maille correspondante du motif en vis-à-vis, faites 1 maille coulée. Les points d'assemblage sont indiqués sur les schémas.

LE BLOCAGE

C'est le terme utilisé pour mettre en forme un ouvrage. Il permet d'adapter l'ouvrage aux dimensions désirées, de donner de la régularité aux points, ou de mettre en valeur les points ajourés.

La méthode la plus simple consiste à épingler les différentes pièces, ou l'ouvrage assemblé, sur une surface plate, et à approcher le fer à repasser en mode vapeur. Attention, ne repassez jamais, approchez simplement le fer à 1 cm du travail.

Laissez refroidir, enlevez les épingles.

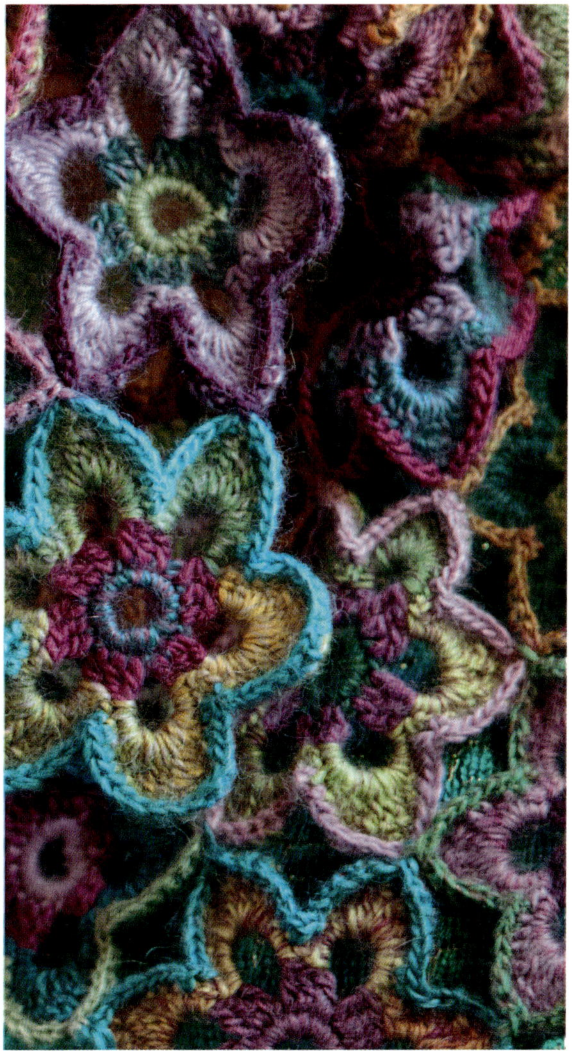

LIRE UN DIAGRAMME

Le diagramme aide à visualiser le modèle. Les mailles sont visualisées par des symboles (voir le tableau des abréviations et des symboles). Les couleurs des fils y sont représentées.

- **Les diagrammes des ouvrages en rond se lisent de l'intérieur vers l'extérieur,** en commençant par le centre, dans le sens inverse des aiguilles d'une montre.

A. La flèche pleine indique le début de l'ouvrage.
B. Le cercle représente la chaînette du départ.
C. Le chiffre indique le numéro du tour, il est situé au début de chaque rang.
D. Chaque tour débute par des mailles en l'air qui remplacent la première maille, la maille coulée qui termine le tour se fait dans une des mailles en l'air du début du rang.

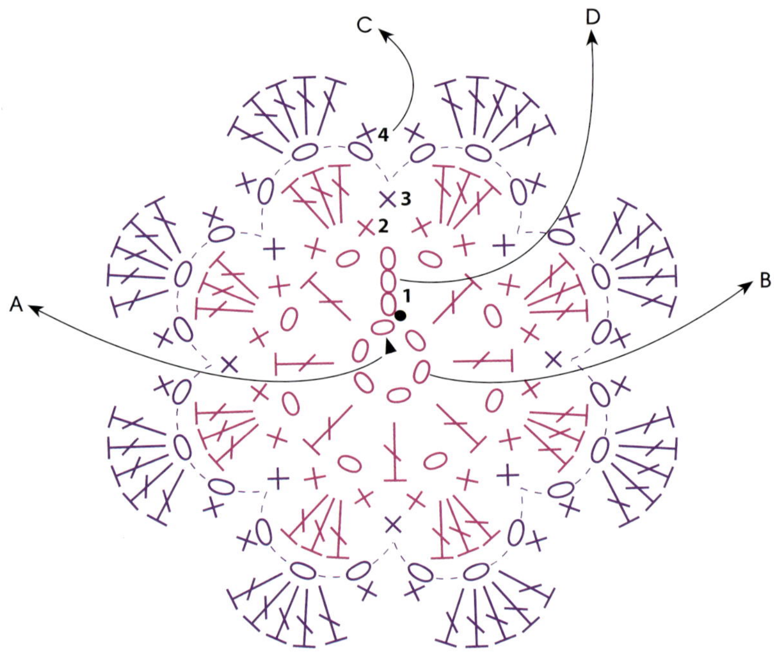

- ▲ début
- • mc (maille coulée)
- ○ ml (maille en l'air)
- × ms (maille serrée)
- dbr (demi-bride)
- br (bride)
- dlbr (double bride)
- 3 br fermées ensemble
- 2 br fermées ensemble
- 2 br dans la même maille
- △ fin

Les diagrammes des ouvrages en rangs se lisent de bas en haut. Les rangs impairs (rangs endroit) se lisent de droite à gauche, les rangs impairs (rangs envers) se lisent de gauche à droite.

A. Chaînette de départ : quand elle est longue et que les mailles se répètent à l'identique, elle n'est pas dessinée en entier, mais le nombre total de mailles est indiqué.

B. Les rangs sont indiqués par des chiffres, placés en début de rang.

C. Lorsque les rangs se répètent à l'identique, ils ne sont pas tous représentés, et le nombre de rang total est indiqué.

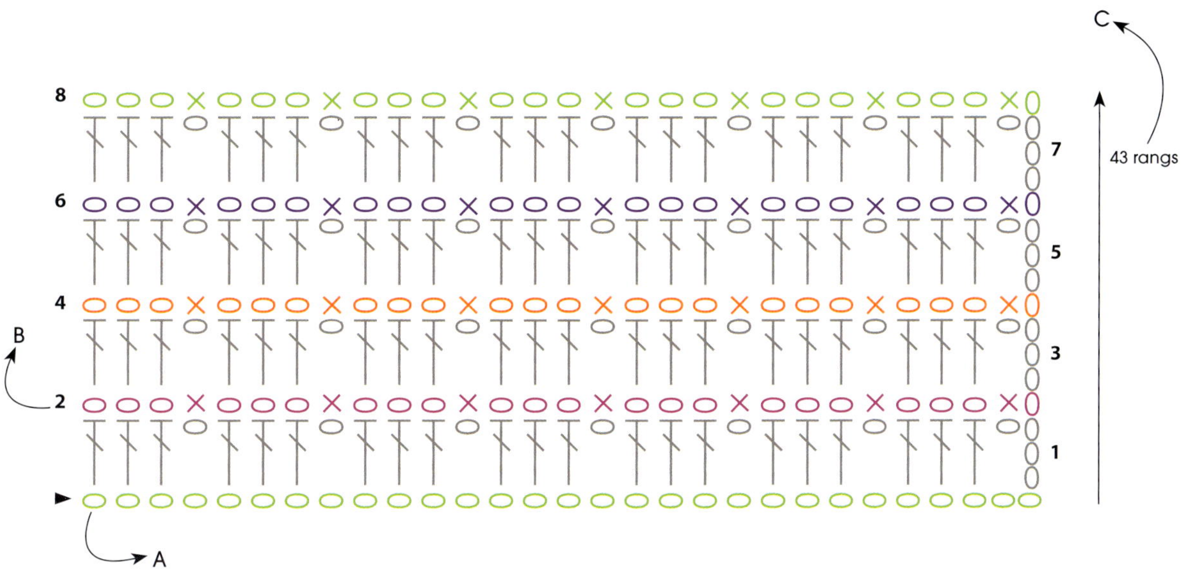

LES ABRÉVIATIONS

Les abréviations suivantes sont utilisées dans ce livre, elles permettent une lecture facile et rapide des explications. Vous vous y ferez très vite.

Augmenter, augmentation .... augm.
Bride(s) .... br
Commencer, commençant .... comm.
Demi-bride(s)............................ dbr
Double bride(s).......................... dlbr
Maille(s) .... m.
Maille(s) coulée(s)...................... mc
Maille(s) en l'air........................ ml
Maille(s) serrée(s)...................... ms
Précédent(e)(s) .... préc.
Rang(s) .... rg(s)
Remplacer, remplaçant .... rempl.
Répéter, répétez......................... rép.
Suivant(e)(s)............................ suiv.
Terminer, terminant...................... term.
Tour(s) .... tr
Travail, travaillant .... trav.

Cache-épaules millefiori

Une éclatante farandole de fleurs colorées pour une jolie romantique.

FOURNITURES

- *De la laine 100 % dans 8 coloris*
- *1 crochet n° 3,5*

POINTS EMPLOYÉS

- *Maille en l'air (ml)*
- *Maille coulée (mc)*
- *Bride (br)*
- *Demi-bride (dbr)*

LA ROSE

Avec le fil rose, faites une chaînette de 42 ml, puis 1 br en piquant dans la 6e m. à partir du crochet, 2 ml, *passez 2 m., (1 br, 2 ml, 1 br)**, rép. de * à ** jusqu'au bout, vous obtenez 13 arceaux. Faites 3 ml pour tourner, 8 br dans le même arceau, et 9 br dans chacun des 12 arceaux suiv. Formez la rose en colimaçon, et faites un point central pour en maintenir la forme.
Crochetez ainsi 19 roses.

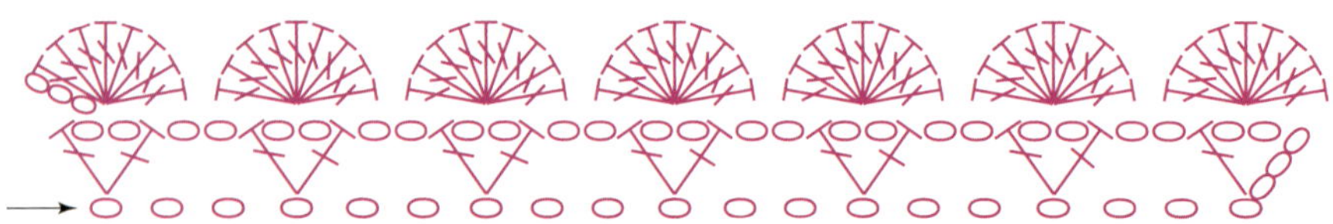

LA FLEUR JAUNE ET BLEU

Avec le fil bleu, 6 ml, fermez le cercle par 1 mc.
Rg 1 : 12 ms dans le cercle, fermez par 1 mc.
Rg 2 : (2 ms dans la 1re m., 2 ms) 4 fois, fermez par 1 mc.
Coupez le fil, changez de couleur.
Rg 4 : (1 ms, 3 ml, passez 3 m., 1 ms) 8 fois, fermez par 1 mc.
Rg 5 : 1 mc pour arriver dans l'arceau, puis dans chaque arceau : 1 ms, 1 dbr, 5 br, 1 dbr, 1 ms, fermez par 1 mc.
Faites une bande de 20 fleurs, assemblez-les en crochetant.

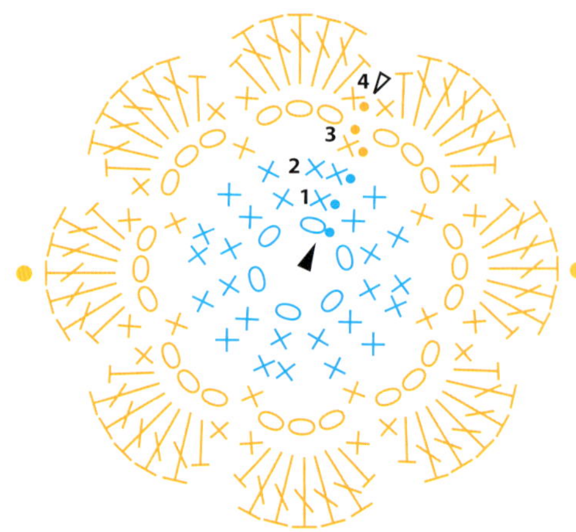

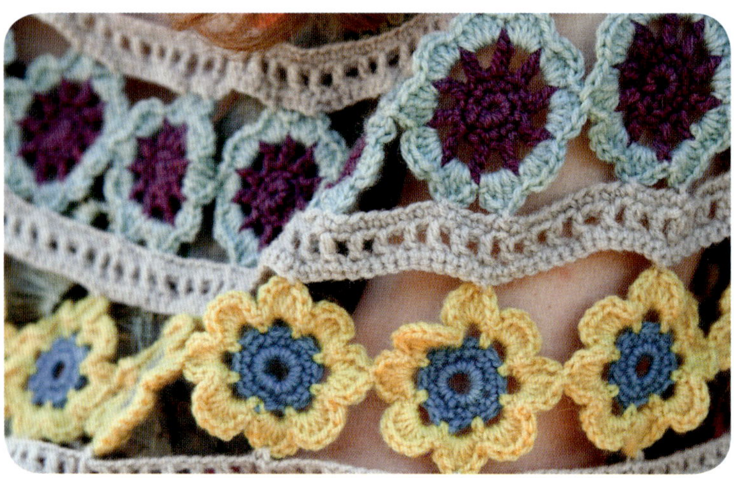

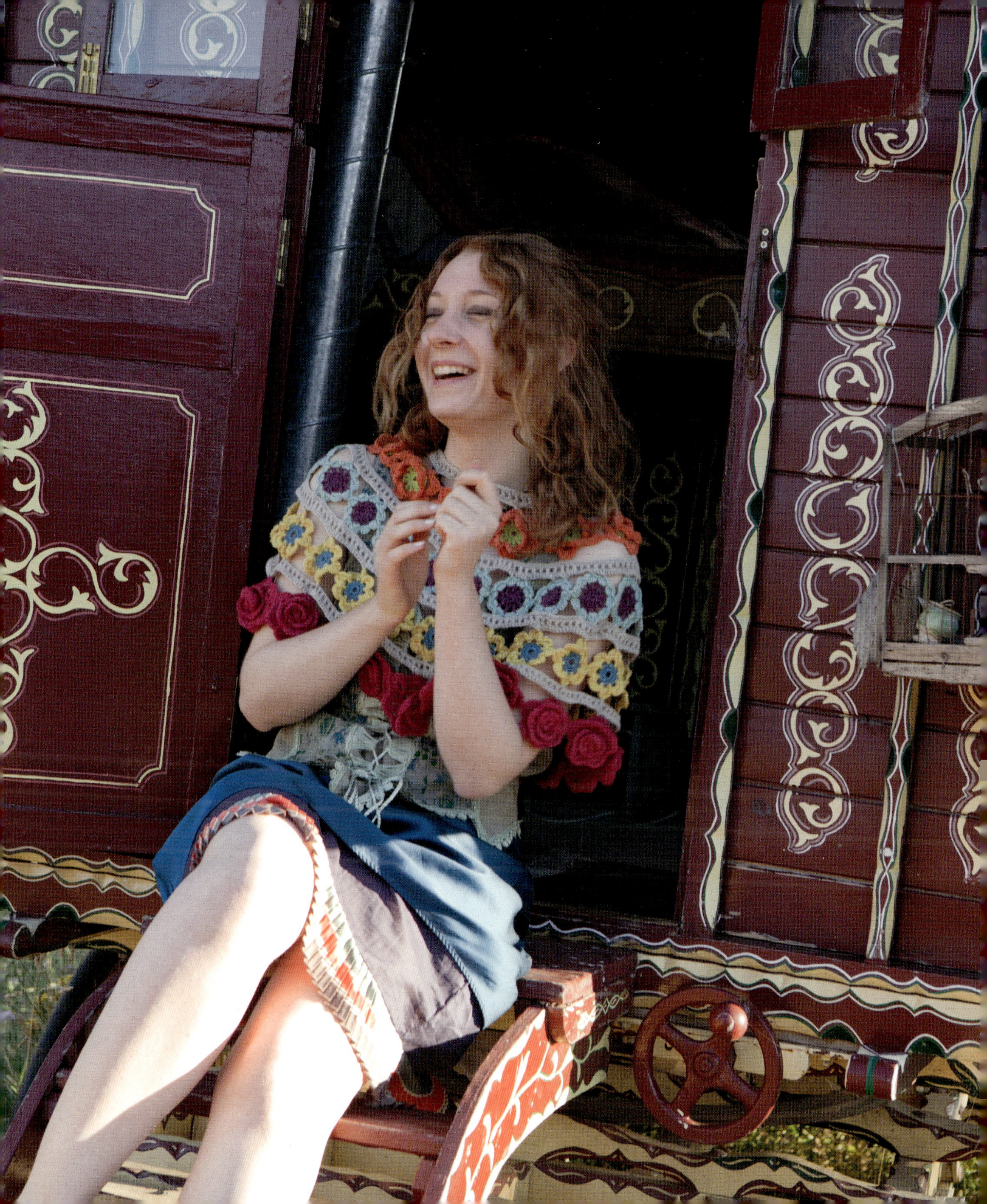

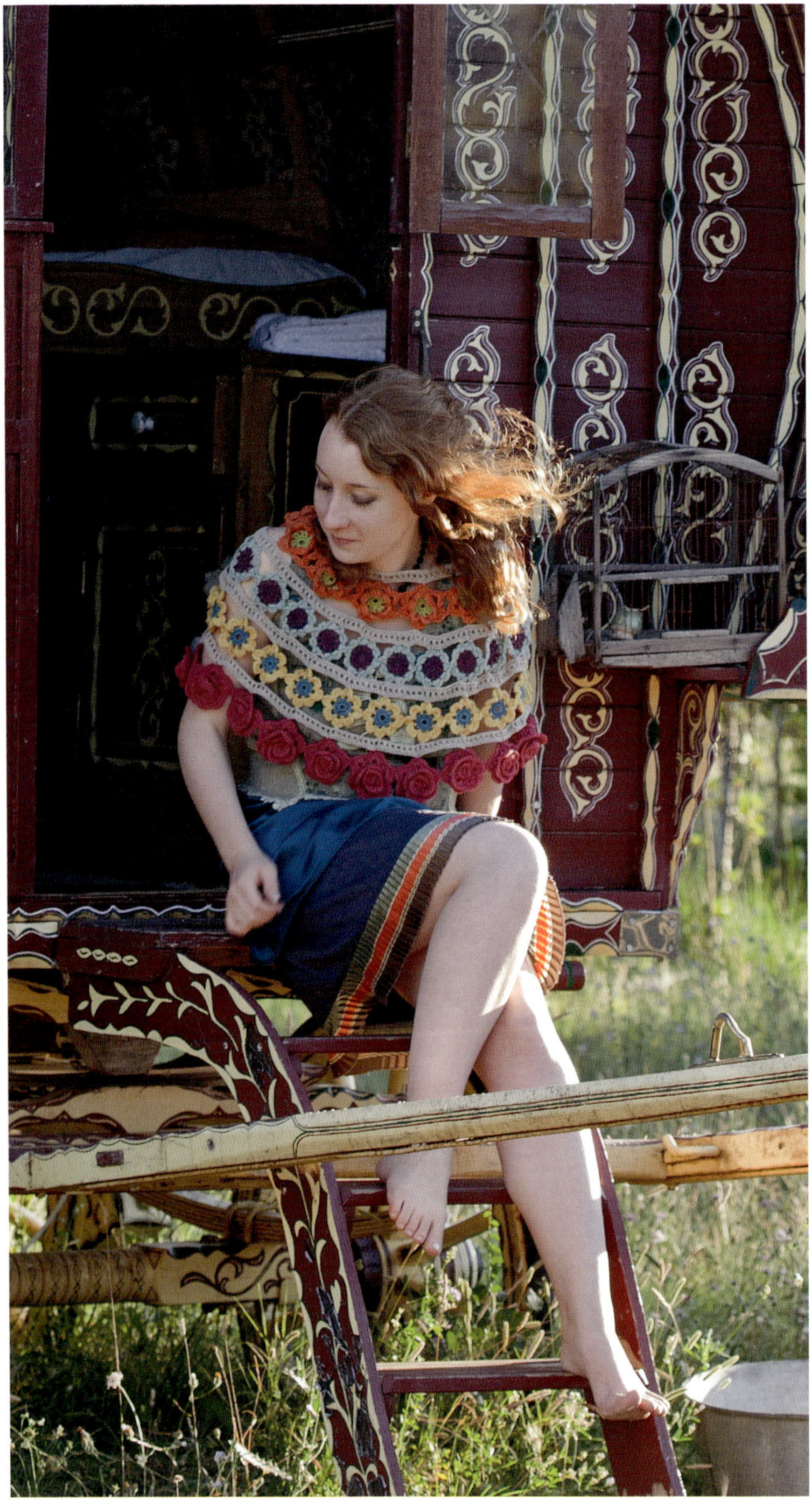

LA FLEUR VIOLET ET TURQUOISE

Avec le fil violet, 5 ml, fermez le cercle par 1 mc.

Rg 1 : 10 ms dans le cercle, fermez par 1 mc.

Rg 2 : 6 ml, puis (1 br, 3 ml) 9 fois, fermez par 1 mc dans la 3e ml du début de rg. Coupez le fil, changez de couleur.

Rg 3 : Dans chacun des 10 arceaux (1 ms, 3 br, 1 ms), fermez par 1 mc.

Faites une bande de 21 fleurs, assemblez-les en crochetant.

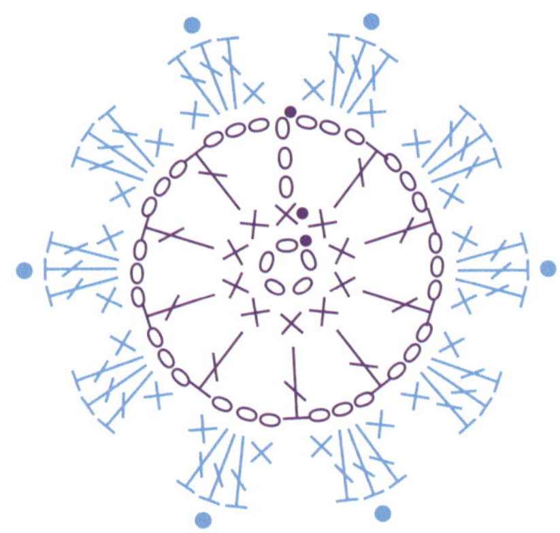

LA FLEUR VERT ET ORANGE

Les pétales se réalisent sur 2 étages.

Avec le fil vert, 6 ml, fermez le cercle par 1 mc.

Rg 1 : 12 ms dans le cercle, fermez par 1 mc.

Rg 2 : 4 ml, (1 br, 1 ml) 11 fois, fermez par 1 mc.

Coupez le fil, changez de couleur.

Rg 3 : Dans un espace de 1 ml, faites 1 ms, 5 ml (sautez 1 br, 1 ms, 1 br).

Rg 4 : 1 mc pour arriver dans un arceau, puis dans chacun des 6 arceaux (1 ms, 1 dbr, 3 br, 1 dbr, 1 ms), fermez par 1 mc.

Rg 5 : 1 ml, crochetez à l'arrière des pétales. Répétez le 3e rg.

Rg 6 : 1 mc pour arriver dans l'arceau, puis dans chacun des 6 arceaux (1 ms, 1 dbr, 5 br, 1 dbr, 1 ms).

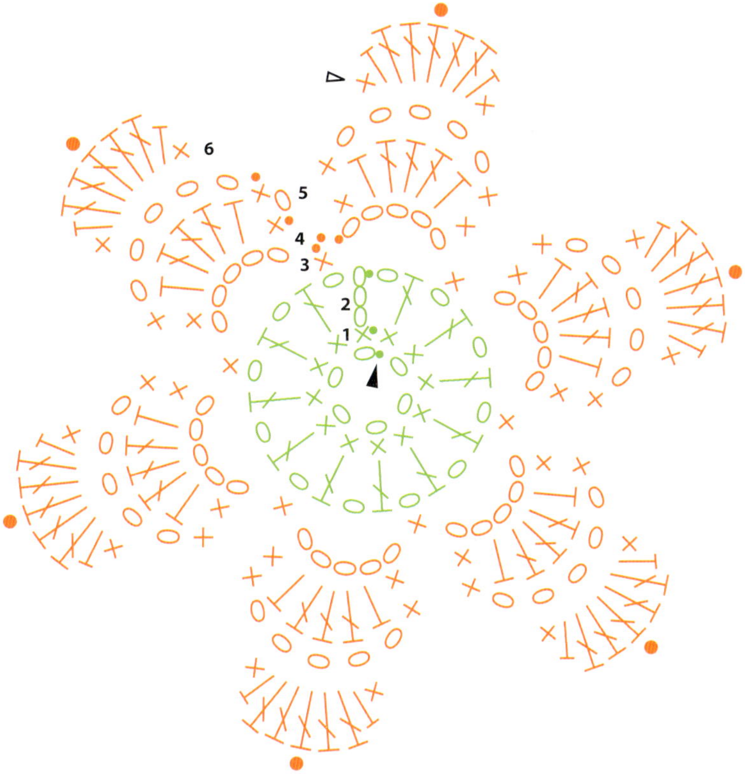

LE MONTAGE

Il se commence par le bas. Chaque bande intermédiaire se crochète de la même façon.

Assemblez les fleurs en crochetant la chaînette de base, selon les points indiqués sur les schémas des fleurs. Espacez vos fleurs de façon régulière ; ainsi, vous pouvez adapter le modèle à votre taille. Fermez le cercle par 1 mc.

Rg 2 : 1 ms tout le long de la chaînette.

Rg 3 : 4 ml, puis *1 br, 1 ml, passez 1 m.**, rép. de * à **, fermez par 1 mc.

Rg 4 : 1 ms sur chaque m.

Attachez les fleurs en crochetant.

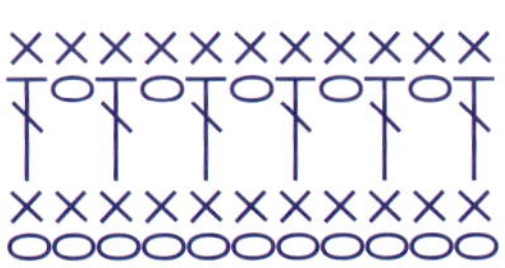

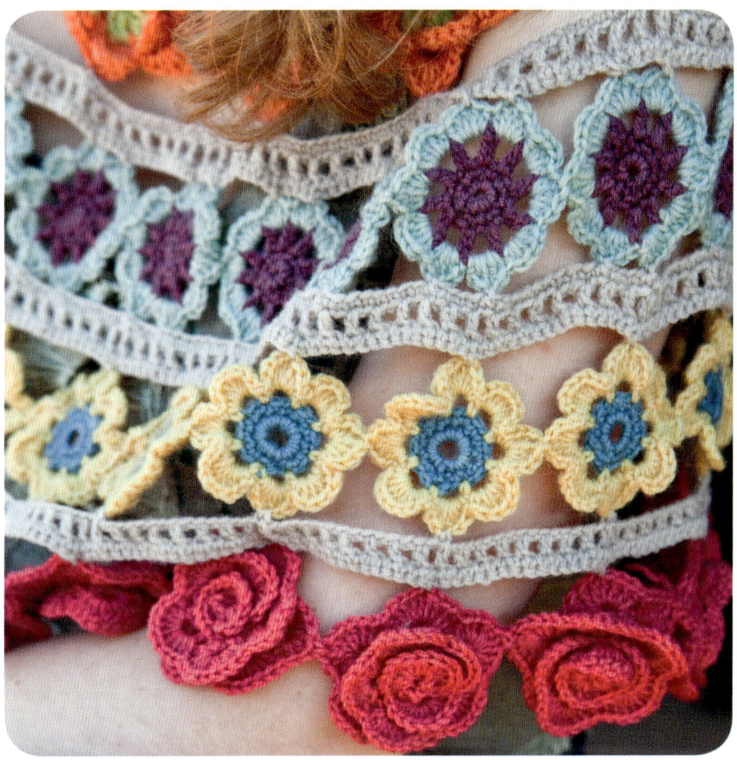

Écharpe étoilée

Une cascade d'étoiles aux tons chamarrés, à enfiler autour du cou.

FOURNITURES

- *De la laine aux couleurs changeantes*
- *1 crochet n° 2,5*

POINTS EMPLOYÉS

- *Maille en l'air (ml)*
- *Maille coulée (mc)*
- *Maille serrée (ms)*
- *Bride (br)*
- *Double-bride (dlbr)*

L'ÉTOILE

Faites une chaînette de base de 8 ml, fermez le cercle par 1 mc.

Rg 1 : 1 ml, 18 ms en piquant dans le cercle, fermez par 1 mc.

Coupez le fil, changez de couleur.

Rg 2 : 10 ml, puis 5 fois (3 br, 7 ml), 2 br, faites 1 mc dans la 3e ml du début de rg pour fermer (6 arceaux).

Coupez le fil, changez de couleur.

Rg 3 : Dans chaque arceau, 3 ms, 1 dbr, 2 br, 3 dlbr, 1 ml, 3 dlbr, 2 br, 1 dbr, 3 ms.

Coupez le fil, changez de couleur.

Rg 4 : 1 ms sur chaque m. en sautant les 2 ms qui se trouvent à la base de chaque branche de l'étoile, et en faisant 1 ml sur chaque pointe (voir le diagramme).

L'ASSEMBLAGE

En suivant le schéma de montage, assemblez les 37 étoiles en crochetant au fur et à mesure.

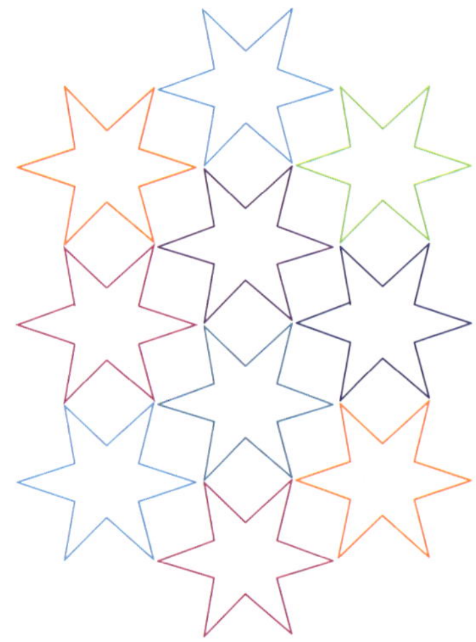

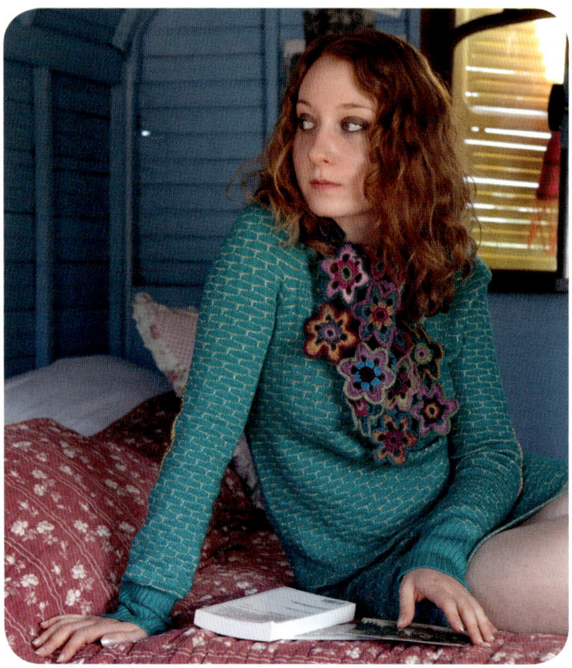

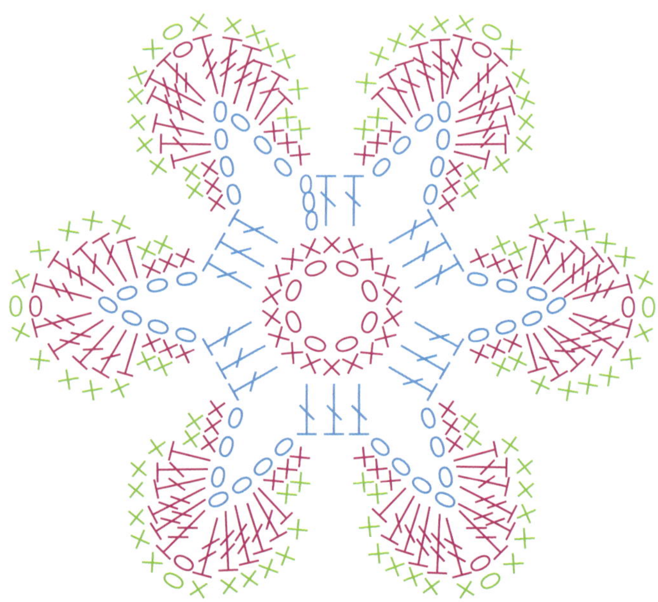

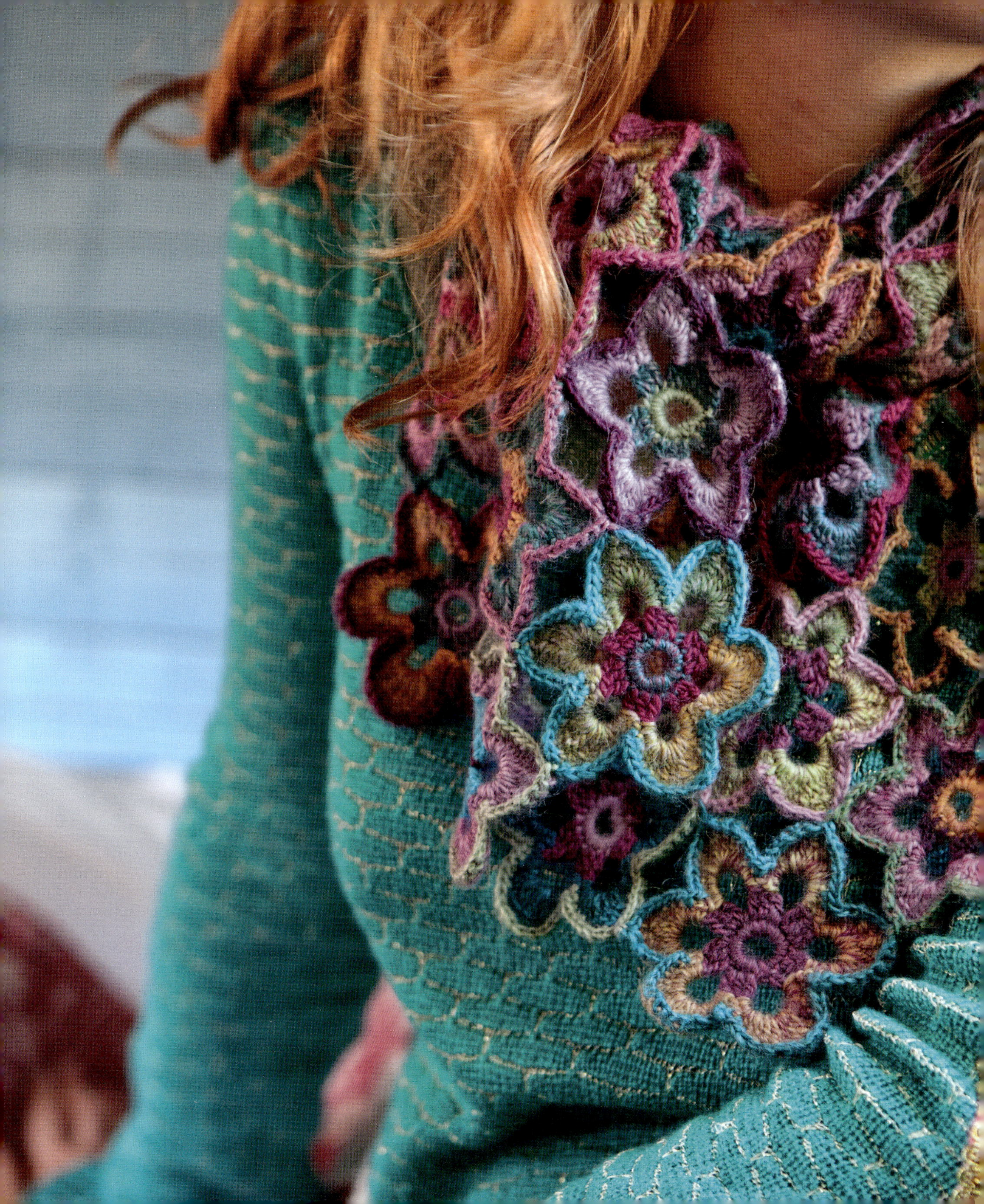

Coussin nomade

Une belle invitation au voyage : l'esprit roulotte souffle dans la maison !

FOURNITURES

- *Des restes de laine*
- *1 crochet n° 4*
- *Du tissu fleuri*
- *Un morceau de lin*
- *Du galon à pompons*
- *Du rembourrage*

POINTS EMPLOYÉS

- *Maille en l'air (ml)*
- *Maille coulée (mc)*
- *Maille serrée (ms)*
- *Bride (br)*

LA PARTIE CROCHETÉE

Faites une chaînette de 5 ml, fermez par 1 mc.

Rg 1 : 4 ml, (1 br, 1 ml) en crochetant dans le cercle, jusqu'à obtenir 6 arceaux, fermez par 1 mc.

Rg 2 : 1 ml puis dans chaque arceau (1 ms, 3 br, 1 ms), fermez par 1 mc.

Rg 3 : 1 ml, trav. sur l'arrière des pétales : 1 ms en piquant entre 2 pétales du rg préc., 3 ml, 1 ms, 3 ml jusqu'à à obtenir 6 arceaux.

Rg 4 : 1 ml puis dans chaque arceau (1 ms, 5 br, 1 ms), fermez par 1 mc.

Coupez le fil, changez de couleur.

Rg 5 : 1 ml, trav. sur l'arrière des pétales : 1 ms en piquant entre 2 pétales du rg préc., 4 ml, 1 ms, 4 ml jusqu'à obtenir 6 arceaux, fermez par 1 mc.

Rg 6 : 1 ml puis dans chaque arceau (1 ms, 7 br, 1 ms), fermez par 1 mc.

Coupez le fil, changez de couleur.

Rg 7 : 1 ml, trav. sur l'arrière des pétales : 1 ms en piquant entre 2 pétales du rg préc., 5 ml, 1 ms, 5 ml jusqu'à obtenir 6 arceaux, fermez par 1 mc.

Rg 8 : 1 ml puis dans chaque arceau (1 ms, 8 br, 1 ms), fermez par 1 mc.

Coupez le fil, changez de couleur.

Rg 9 : 1 ml, trav. sur l'arrière des pétales : 1 ms en piquant entre 2 pétales du rg préc., 6 ml, 1 ms, 5 ml jusqu'à obtenir 6 arceaux, fermez par 1 mc.

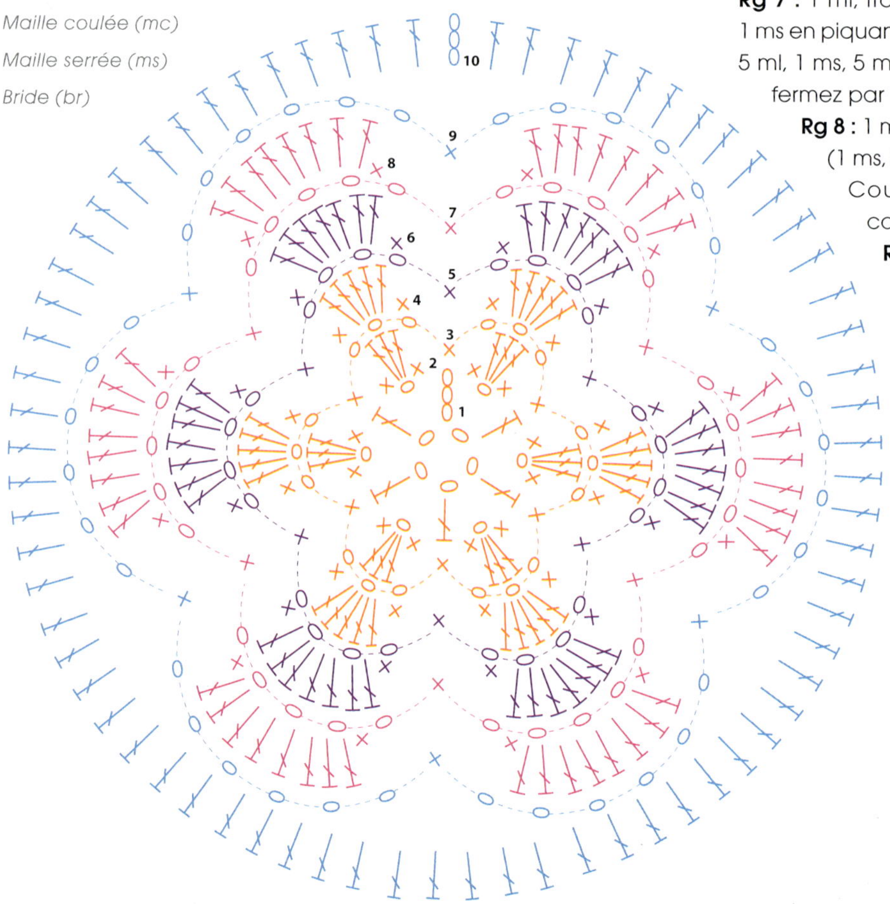

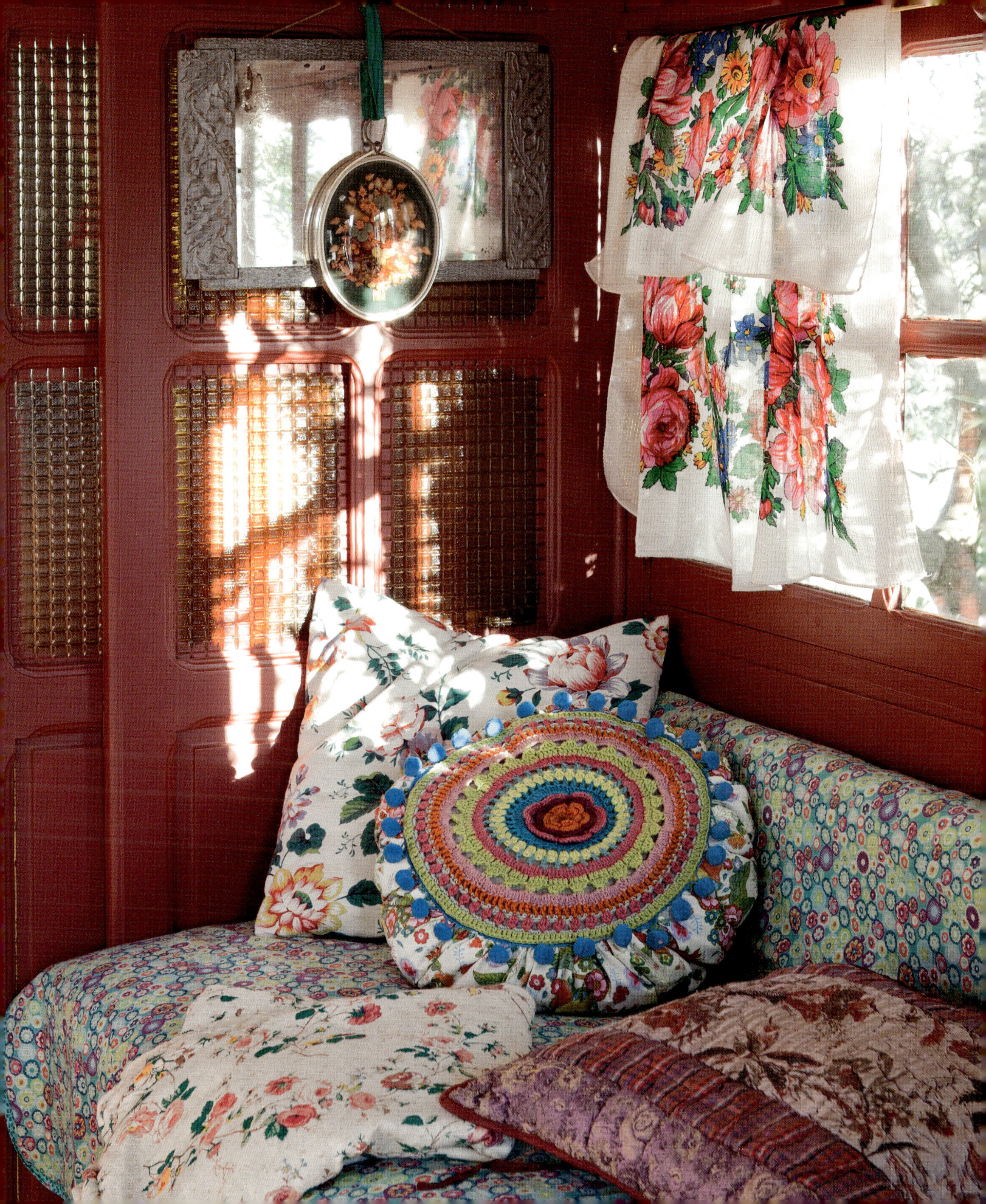

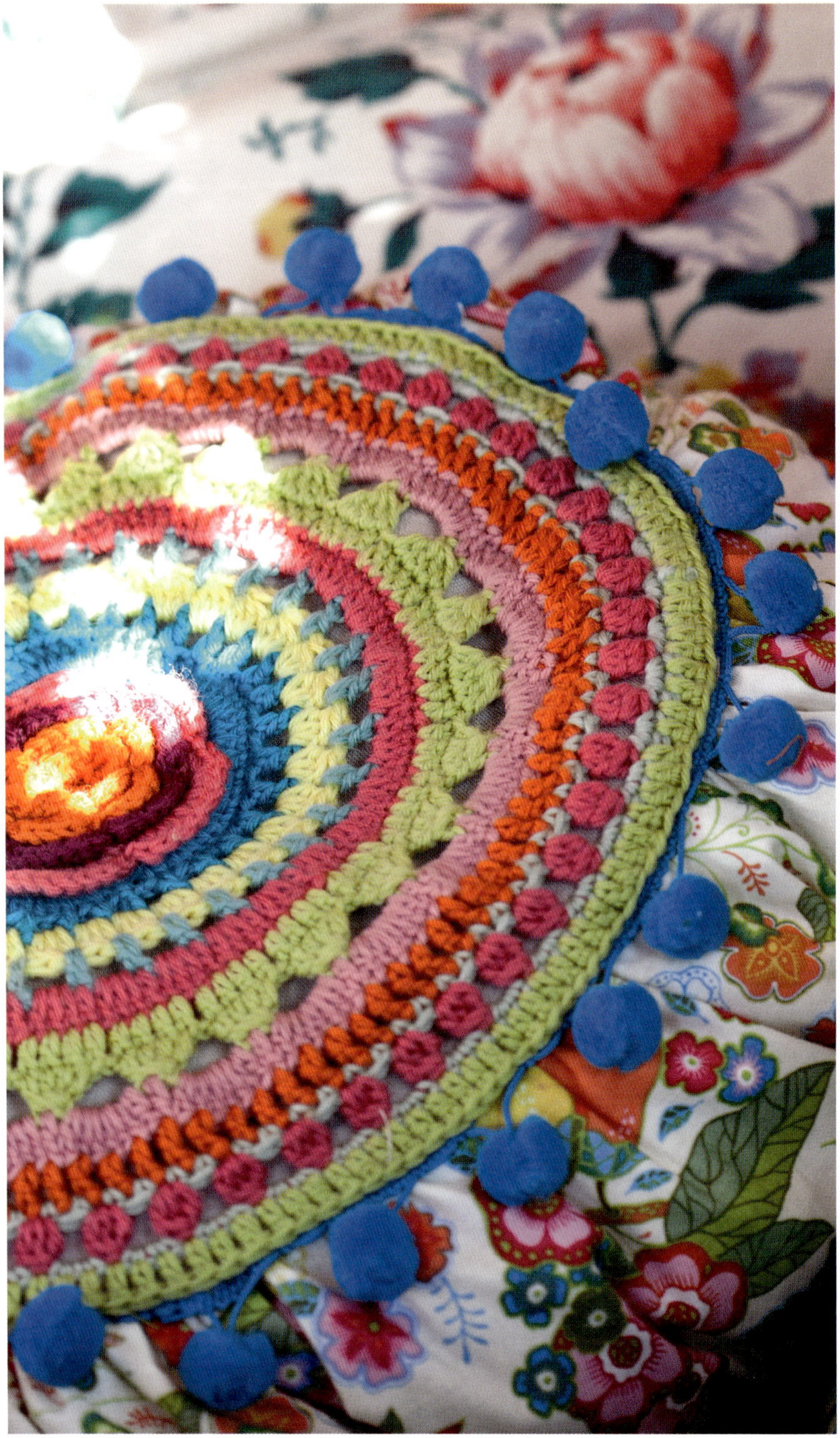

Rg 10 : 3 ml, puis 11 br dans l'arceau, 1 br sur la ms du rg préc., pendant tout le tour, vous avez 72 brides. Fermez le rg par 1 mc.

Rg 11 : 5 ml, puis *1 br, 2 ml, passez 2 m.**, rép. de * à ** pendant tout le rg, fermez par 1 mc.

Coupez le fil, changez de couleur.

Rg 12 : Comm. dans un espace en faisant 3 ml et 2 br fermées ens., 1 ml, puis pendant tout le rg, 3 br fermées ens. dans chaque espace, 1 ml. Fermez par 1 mc.

Coupez le fil, changez de couleur.

Rg 13 : Dans un espace, faites 6 ml, puis (1 br dans l'espace suiv., 3 ml) pendant tout le rg, fermez par 1 mc.

Coupez le fil, changez de couleur.

Rg 14 : 3 ml sur 1 br, (3 br dans l'espace suiv., 1 br sur 1 br) rép. tout le rg, fermez par 1 mc.

Coupez le fil, changez de couleur.

Rg 15 : 3 ml, 3 br, 1 ml passez 1 m., (4 br, 1 ml, passez 1 m.), rép. tout le rg, fermez par 1 mc.

Rg 16 : (4 br fermées ens., 5 ml, passez 1 m.), rép. tout le rg, fermez par 1 mc.

Coupez le fil, changez de couleur.

Rg 17 : Comm. dans 1 arceau, 3 ml puis 6 br, (1 br sur le haut des 4 br fermées ens. du rg préc., 7 br dans l'arceau) pendant tout le rg, fermez par 1 mc.

Coupez le fil, changez de couleur.

Rg 18 : 4 ml, passez 1 m., (1 br, passez 1 m., 1 ml) rép. tout le rg, fermez par 1 mc.

Coupez le fil, changez de couleur.

Rg 19 : (1 ms dans un espace, 1 ml, passez 1 m.) rép. tout le rg.

Coupez le fil, changez de couleur.

Rg 20 : Comm. dans 1 espace, 3 ml, 2 br ens., (2 ml, passez 1 m., 3 br ens.), rép. pendant tout le rg, term. par 2 ml, fermez par 1 mc.

Coupez le fil, changez de couleur.

Rg 21 : 3 ms dans chaque espace, 1 ml, passez les 3 br ens. du rg préc., rép. pendant tout le rg. Fermez par 1 mc.

Coupez le fil, changez de couleur.

Rg 22 : 3 ml, puis 1 br dans chaque m.

LE MONTAGE

1. Coupez un cercle de lin du même diamètre que le motif crocheté (27 cm), puis un autre de 32 cm.

2. Coupez une bande de tissu fleuri de 150 x 15 cm. Passez un fil de fronce sur la toute la longueur de la bande (en haut et en bas).

3. Ajustez sur les 2 cercles de lin, insérez le galon à pompons entre le cercle de 27 cm et la bande fleurie. Cousez en laissant une ouverture, retournez, cousez le motif crocheté à points invisibles, rembourrez le coussin, fermez à points invisibles.

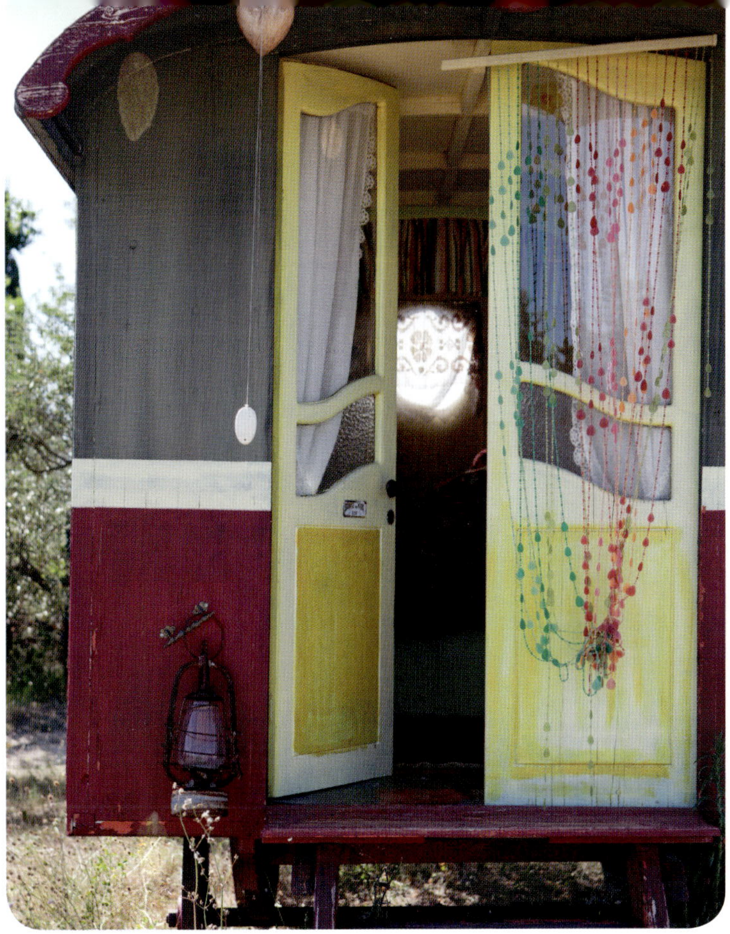

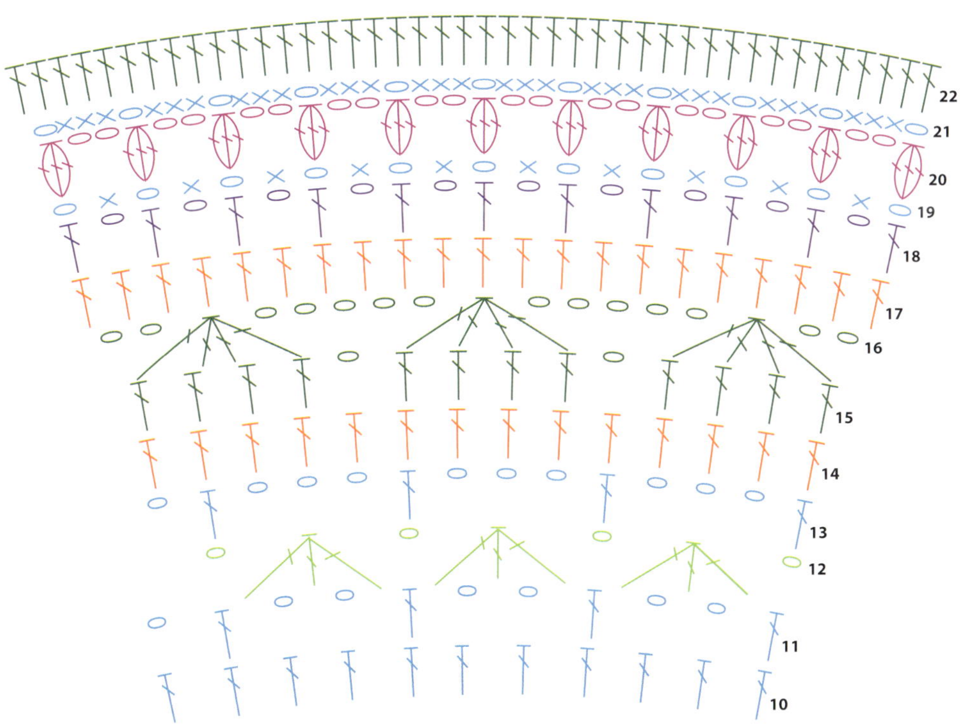

Suspension baroque

Osez les cascades de perles, de pampilles et les arabesques crochetées !

FOURNITURES

- *1 pelote de fil de coton*
- *1 crochet n° 3*
- *Une carcasse d'abat-jour ou une suspension cylindrique de 15 cm de diamètre*
- *24 paillettes fleurs de 1 cm de diamètre*
- *Des perles et des pampilles*
- *Du galon : 2 fois 50 cm*

POINTS EMPLOYÉS

- *Maille en l'air (ml)*
- *Maille coulée (mc)*
- *Maille serrée (ms)*
- *Bride (br)*

LES FLEURS

Faites une chaînette de 6 ml, fermez par 1 mc.

Rg 1 : 4 ml, (1 br, 1 ml) en crochetant dans le cercle jusqu'à obtenir 8 arceaux, fermez par 1 mc.

Rg 2 : 1 ml puis dans chaque arceau (1 ms, 3 br, 1 ms), fermez par 1 mc.

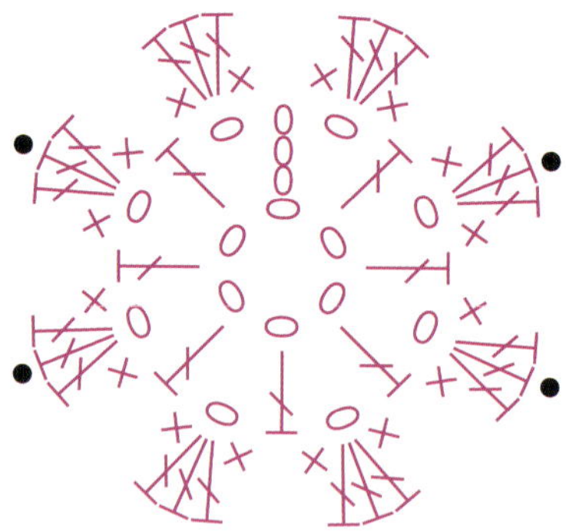

LE MONTAGE

1. Faites un cylindre composé de 2 bandes de 12 fleurs, assemblez en crochetant.

2. Placez le cylindre sur la carcasse, collez les paillettes au centre des fleurs, puis les galons.

3. Ajoutez des perles et des pampilles à votre guise.

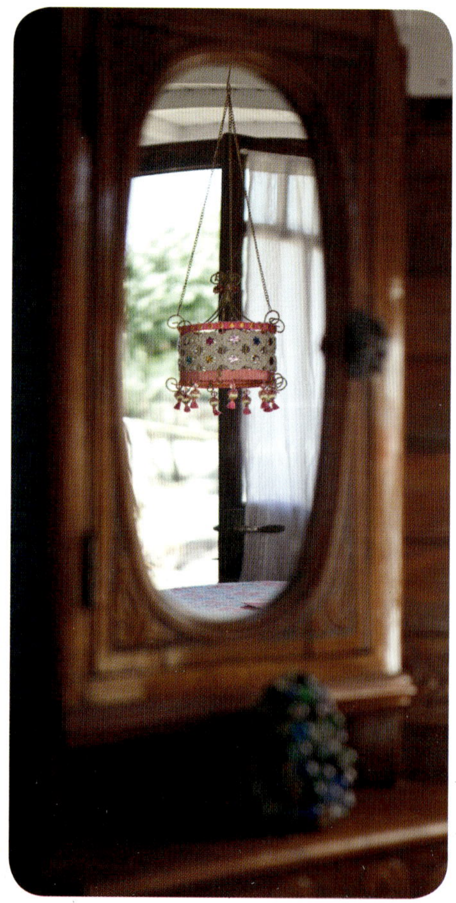

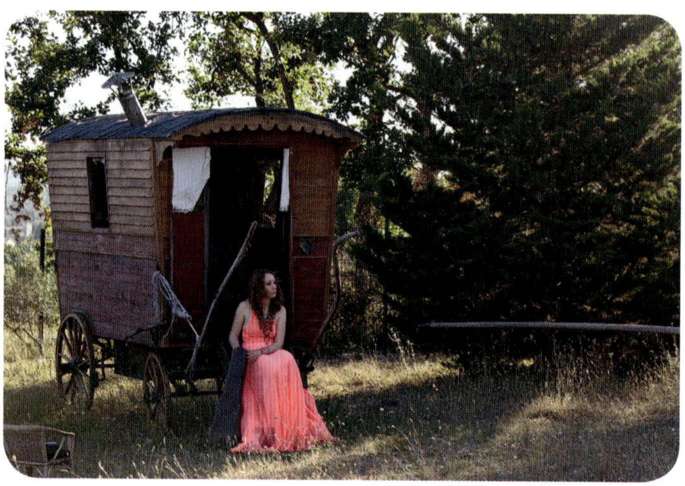

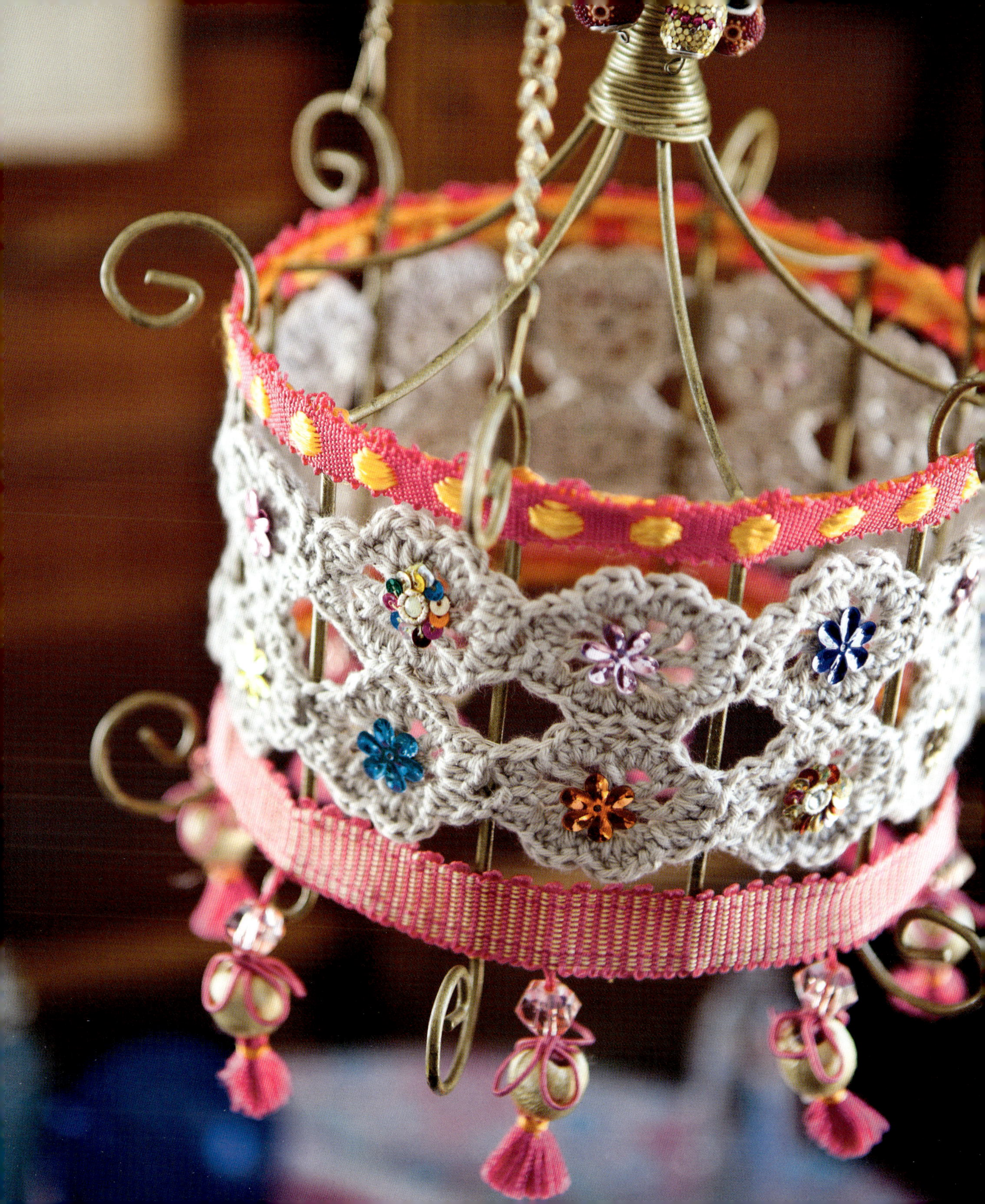

Collier chatoyant

Perles et grannies se marient avec éclat : une belle fantaisie multicolore.

FOURNITURES

- *Du fil de coton mercerisé de plusieurs couleurs*
- *1 crochet n° 1,5*
- *Des perles en bois peintes et unies : 20 mm et 15 mm de diamètre*
- *1 intercalaire ovale à 2 trous 24 x 19*
- *Des breloques étoiles et clés, des coupelles*
- *1 chaîne de 5 mm : 2 m*
- *Des anneaux de montage*
- *Des clous à têtes rondes de 70 mm*
- *1 pince à bijoux*

POINTS EMPLOYÉS

- *Maille en l'air (ml)*
- *Maille coulée (mc)*
- *Maille serrée (ms)*
- *Bride (br)*
- *Demi-bride (dbr)*

LE PETIT CERCLE

Faites une chaînette de base de 6 ml, fermez par 1 mc pour former un cercle.

Rg 1 : 1 ml, puis 13 ms en piquant dans le cercle.

Coupez le fil, changez de couleur.

Rg 2 : 3 ml, puis 12 fois (1 dbr, 1 ml), fermez par 1 mc dans la 2e ml du début de rg.

Coupez le fil, changez de couleur.

Rg 3 : 2 ms dans chaque espace de 1 ml du rg préc., soit 26 ms.

LE GRAND CERCLE

Formez les 3 rgs du petit cercle. Coupez le fil, changez de couleur.

Rg 4 : 2 ml, puis 1 dbr dans chaque ms du rg préc.

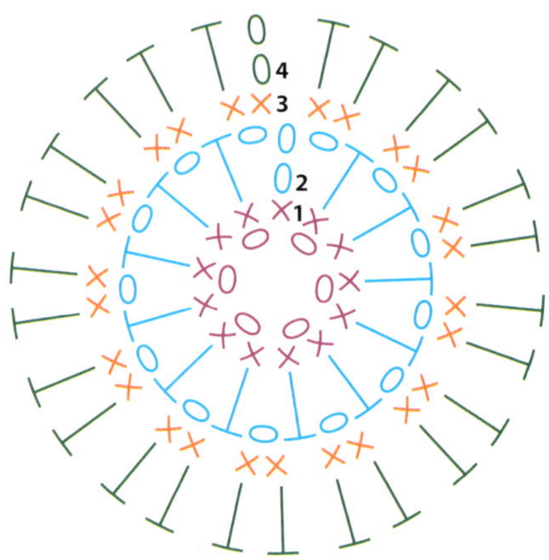

LE MONTAGE

1. Crochetez autant de cercles qu'il vous plaira (une quinzaine).

2. Posez les coupelles sur les perles unies, passez les tiges dans toutes les perles, formez un anneau à l'extrémité à l'aide de la pince. Passez les anneaux de montage dans les cercles crochetés. Assemblez à votre guise, en alternant cercles, perles, breloques et ovales intercalaires.

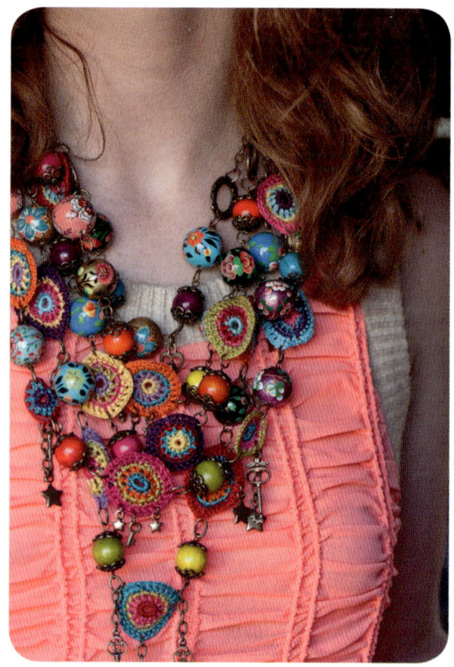

CONSEIL

Pour plus de facilité, montez le collier sur un mannequin plutôt qu'à plat.

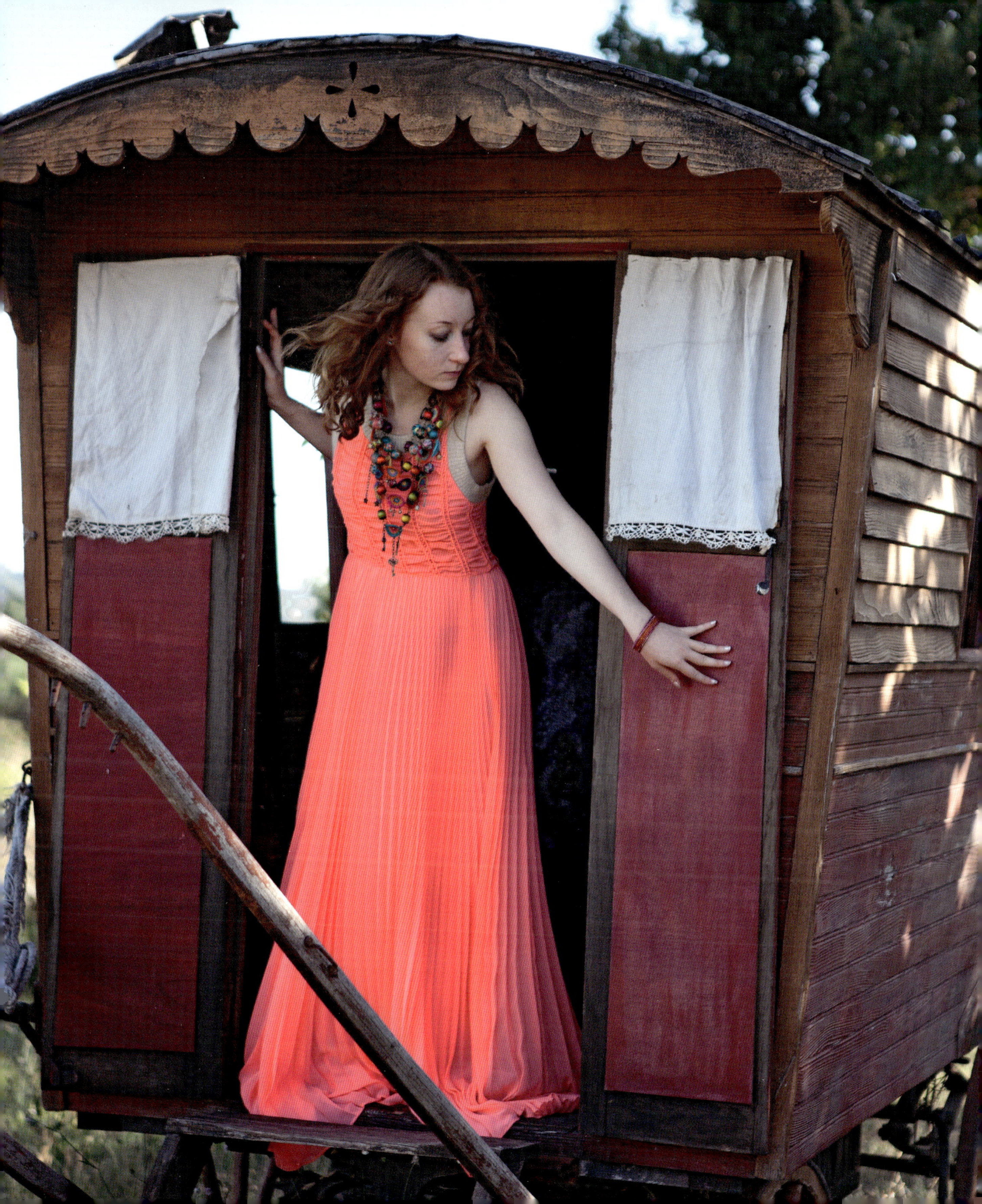

Nappe tzigane

Un esprit nomade venu du froid, réchauffé par la douceur des coloris.

FOURNITURES

- *Du fil Mérinos : vert anis, turquoise, moutarde*
- *1 crochet n° 3*
- *Du tissu pour patchwork : broché, damassé, velours frappé...*
- *8 boutons de 28 mm*

POINTS EMPLOYÉS

- *Maille en l'air (ml)*
- *Maille serrée (ms)*
- *Bride (br)*

LES BANDES CROCHETÉES

Elles se crochètent toutes sur le même principe, seule la longueur change.

Sur une chaînette de base de 11 m.

Rg 1 : 2 ms, 7 ml, passez 7 m., 2 ms.

Rg 2 : 2 ms, 7 ml, passez 7 m., 2 ms.

Rg 3 : 2 ms, 3 ml, 1 ms en prenant les 2 rgs préc. de ml.

Répétez toujours ces 3 rgs.

Une fois la longueur désirée obtenue, réalisez 11 rgs de ms. Faites 1 rg de ms le long de chaque bande.

Coupez les différentes pièces de tissu (voir le schéma), puis assemblez les bandes entre elles, et cousez-les sur le tissu.

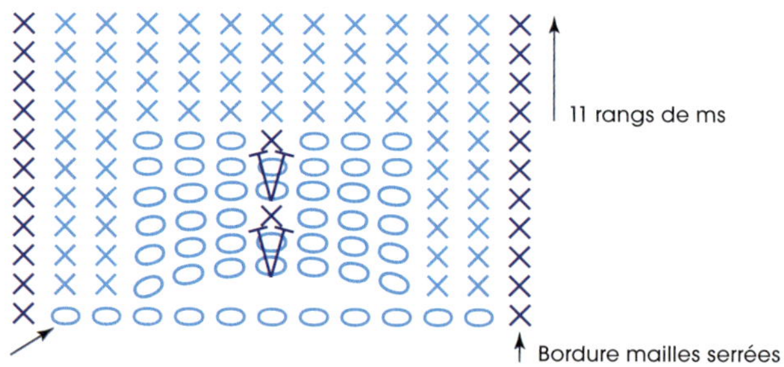

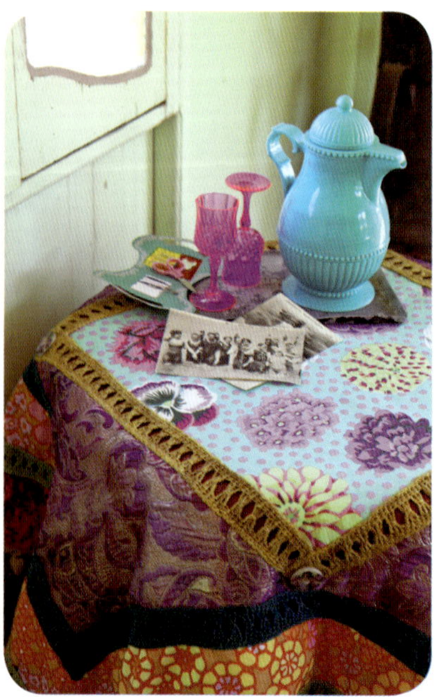

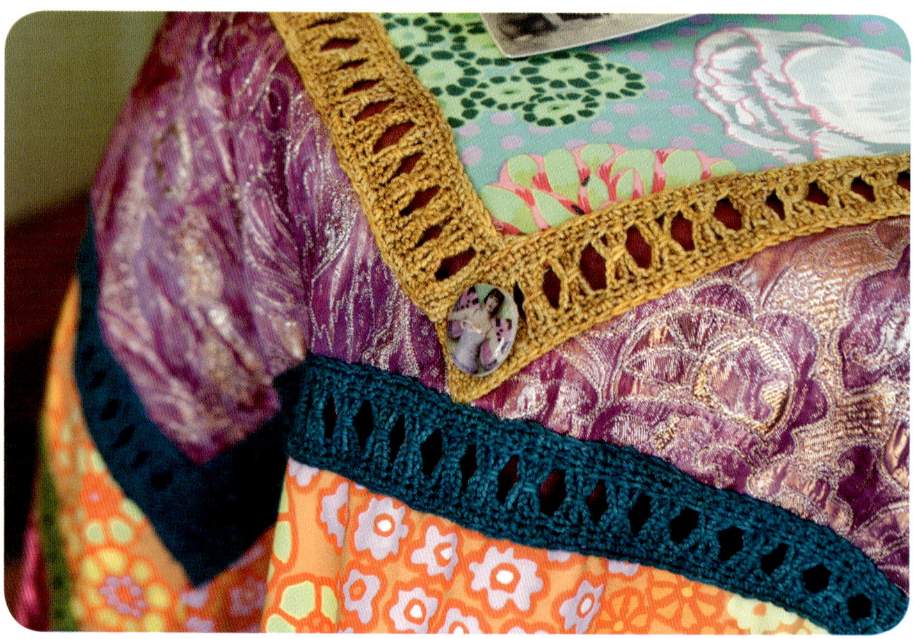

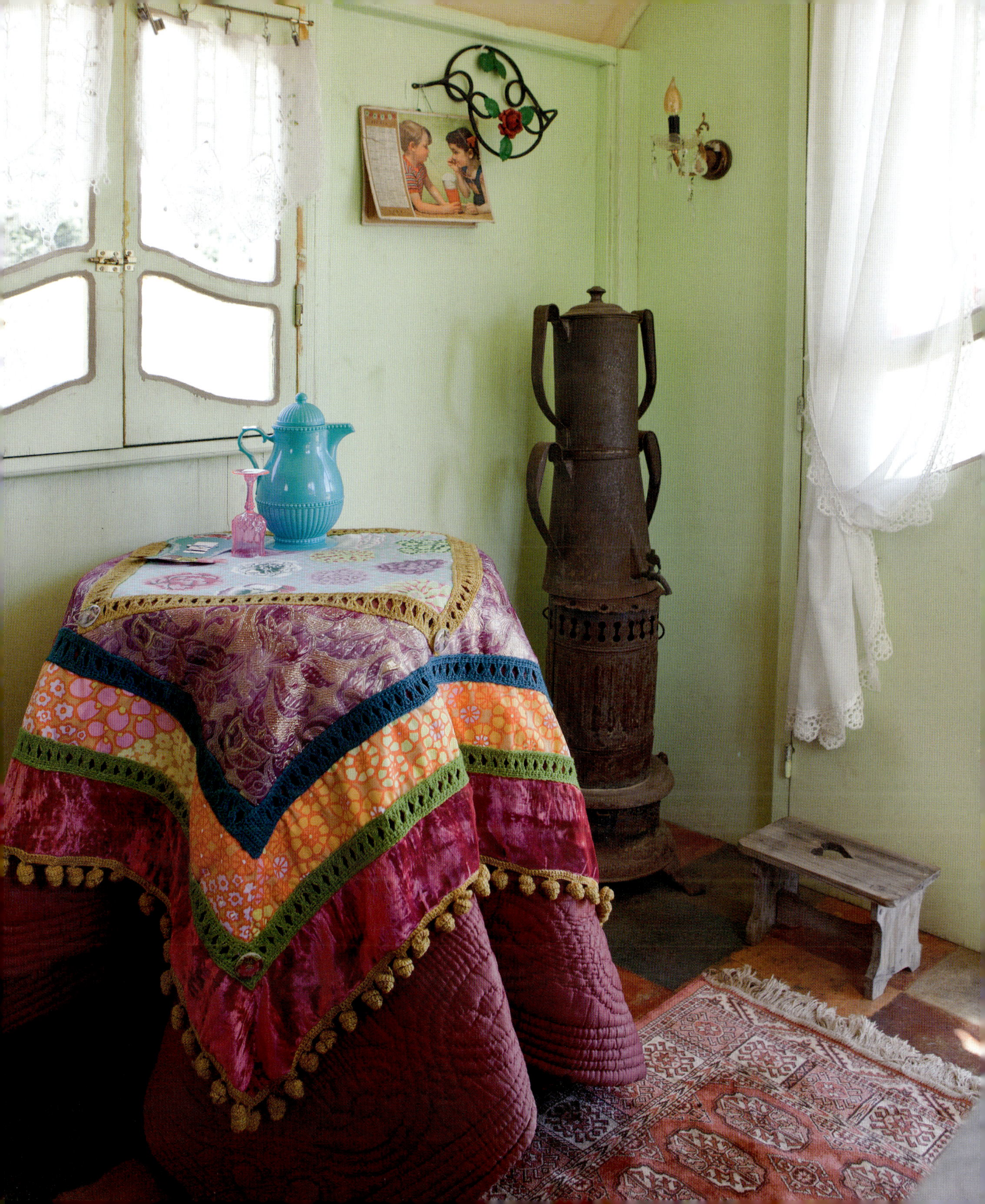

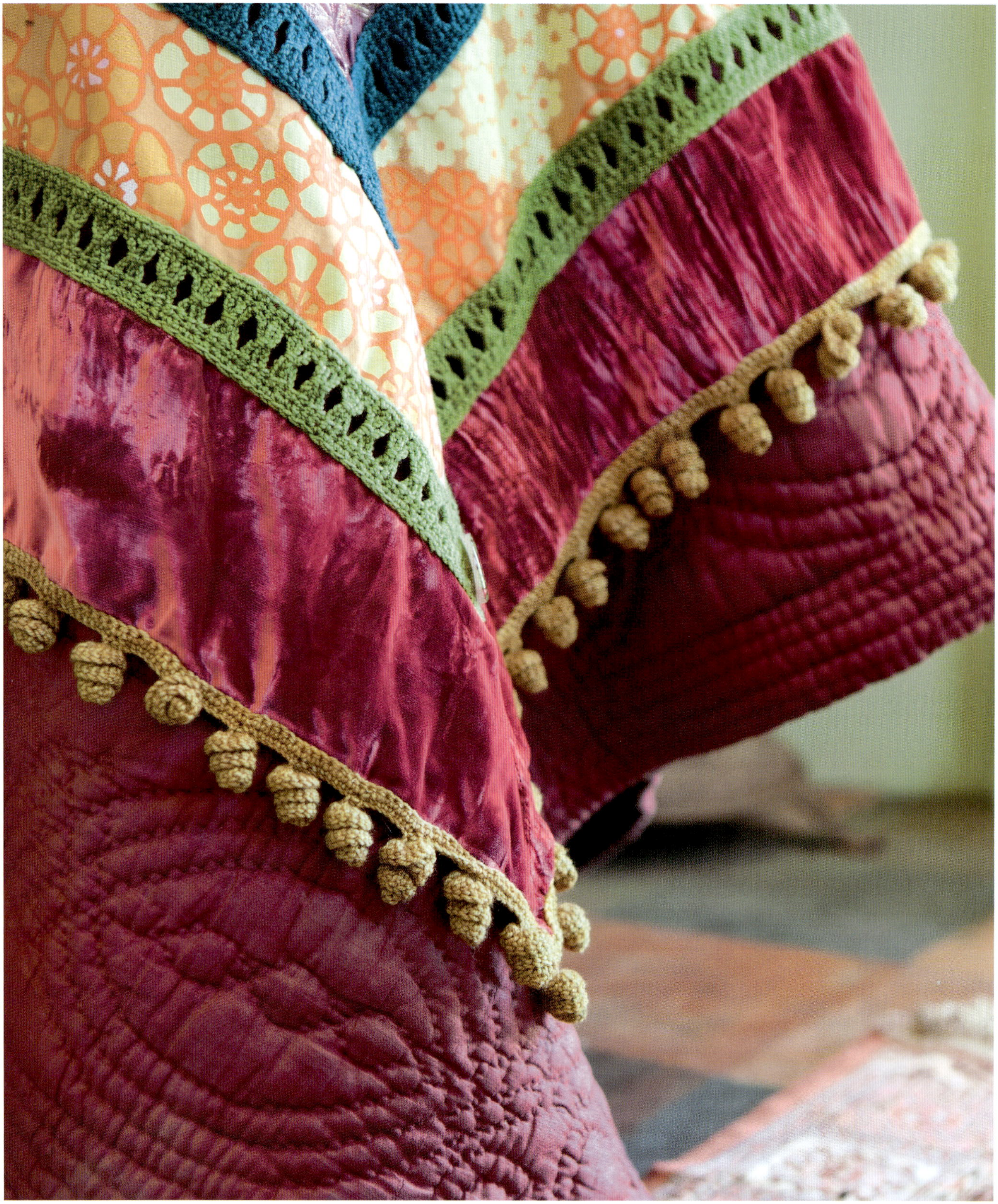

LE GALON À POMPONS

Pour plus de facilité, il se crochète au mètre, et se pose une fois le plaid assemblé.

1. Faites une chaînette de 6 ml, 6 br dans chaque ml (les pompons se forment d'eux-mêmes), 6 ml, et ainsi de suite jusqu'à obtenir la longueur désirée.

2. Faites 2 rgs de ms.

3. Cousez le galon sur le pourtour de l'ouvrage, posez les boutons dans les angles.

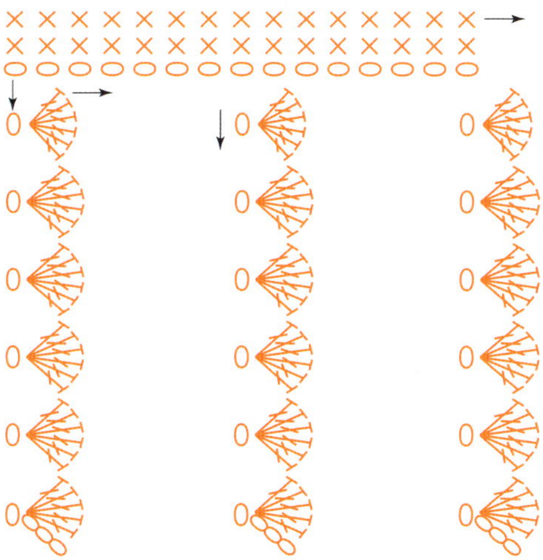

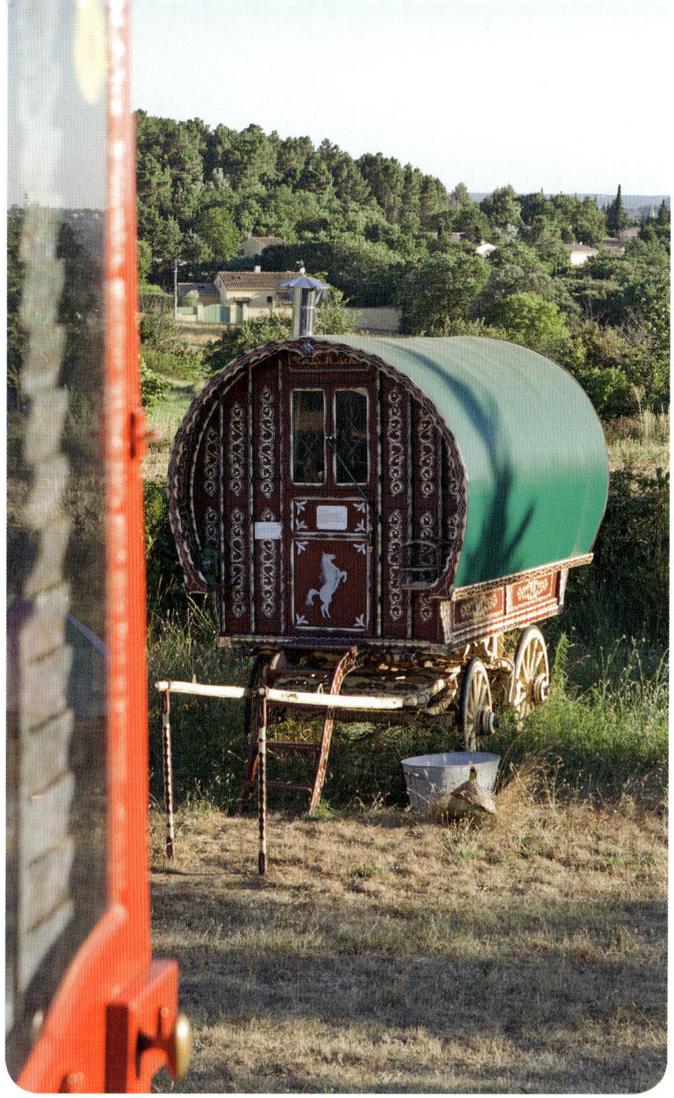

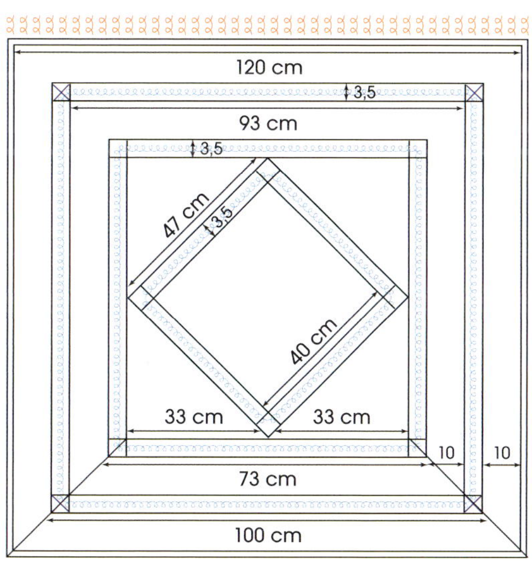

Cadre Frida

Les tableaux colorés jouent la carte du kitch pour une chambre digne d'une princesse.

FOURNITURES

- *Des restes de coton de toutes les couleurs*
- *1 crochet n° 3*
- *Du tissu fleuri*
- *Des paillettes, du galon à paillettes*
- *Du carton plume*
- *1 cutter, de la colle à tissu*

POINTS EMPLOYÉS

- *Maille en l'air (ml)*
- *Maille coulée (mc)*
- *Maille serrée (ms)*
- *Bride (br)*
- *Double bride (dlbr)*

LA PRÉPARATION

Découpez un cadre dans une plaque de carton plume suivant la forme de votre tableau, et évidez le centre.
Collez le cadre sur l'envers du tissu. Coupez le tissu à 5 mm du bord, repliez, collez.

LA FLEUR RONDE

Faites une chaînette de 6 ml, fermez par 1 mc.
Rg 1 : 4 ml, (1 br, 1 ml) en crochetant dans le cercle jusqu'à obtenir 8 arceaux, fermez par 1 mc.
Rg 2 : 1 ml puis, dans chaque arceau (1 ms, 3 br, 1 ms), fermez par 1 mc.
Rg 3 : 1 ml, trav. sur l'arrière des pétales : 1 ms en piquant entre 2 pétales du rg préc., 3 ml, ms ; 3 ml jusqu'à obtenir 8 arceaux.
Rg 4 : 1 ml puis dans chaque arceau (1 ms, 5 br, 1 ms), fermez par 1 mc.

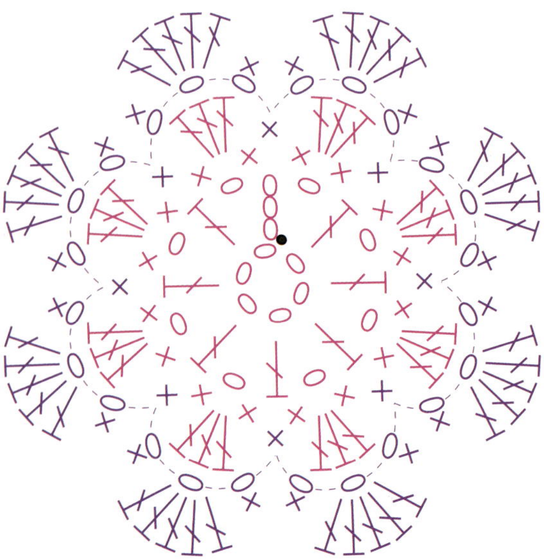

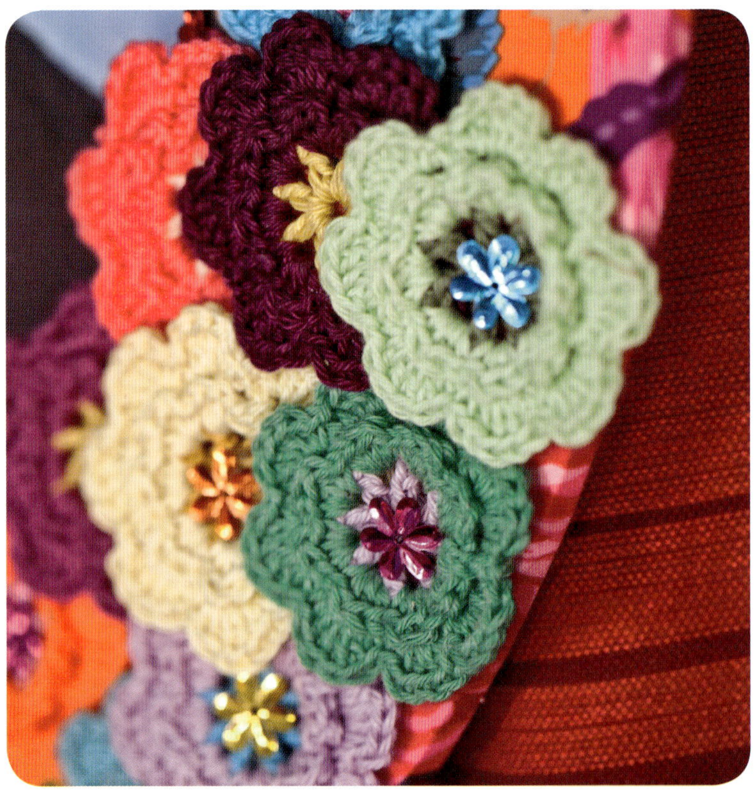

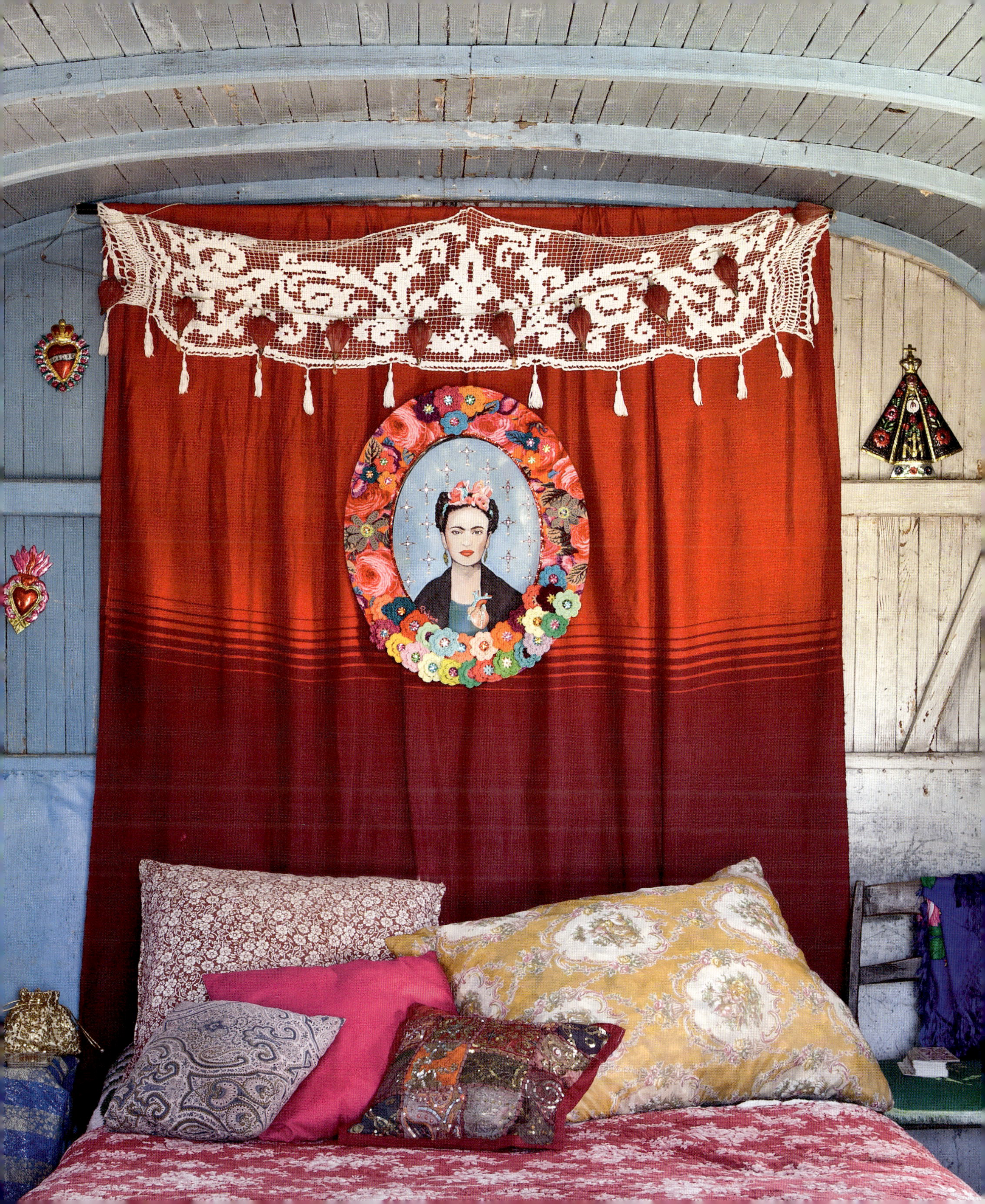

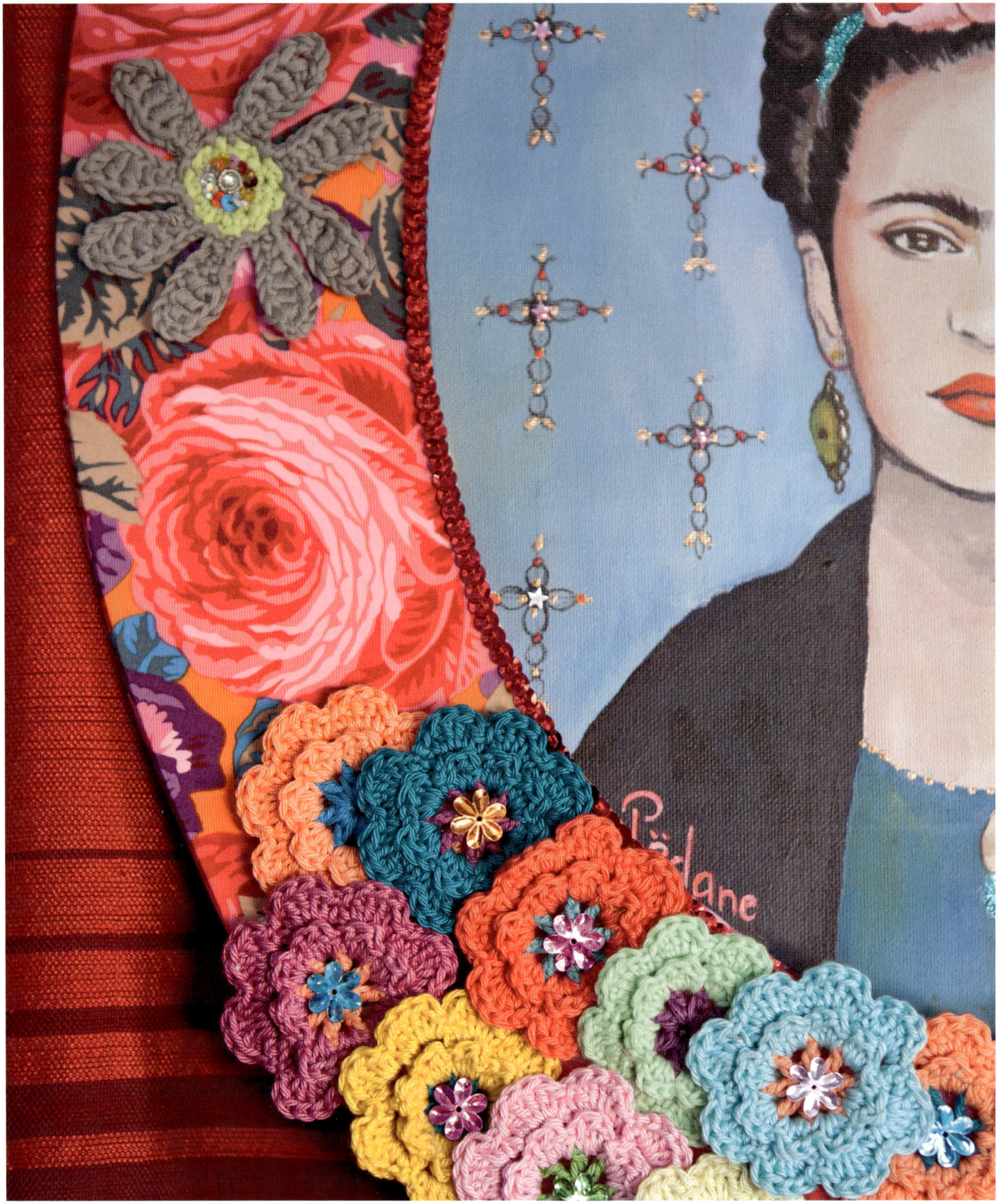

LA FLEUR À 8 PÉTALES

Faites une chaînette de 5 ml, fermez par 1 mc.

Rg 1 : 8 ms en piquant dans le cercle.

Rg 2 : 2 ms dans chaque m., vous avez 16 ms.

Coupez le fil, changez de couleur.

Chaque pétale se crochète comme suit : 8 ml, 1 dbr en piquant dans la 4ᵉ m. à partir du crochet, 1 br, 1 dlbr, 1 br, 1 dbr, passez 1 m., 1 ms. Faites 8 pétales.

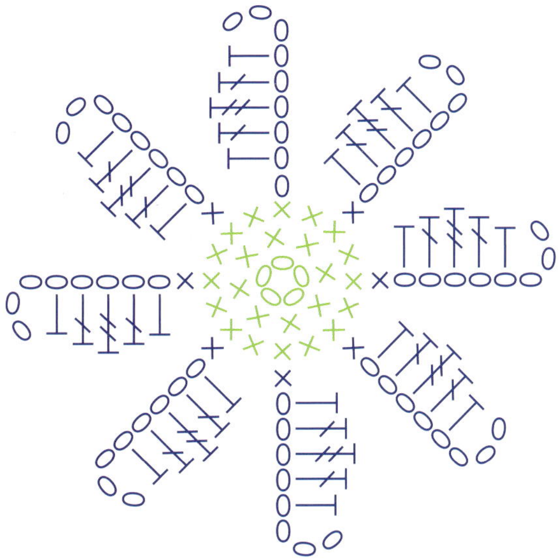

LA PETITE FLEUR

Faites une chaînette de 6 ml, fermez par 1 mc.

En crochetant dans le cercle, (3 ml, 2 dlbr, 3 ml, 1 ms) 5 fois, fermez par 1 mc.

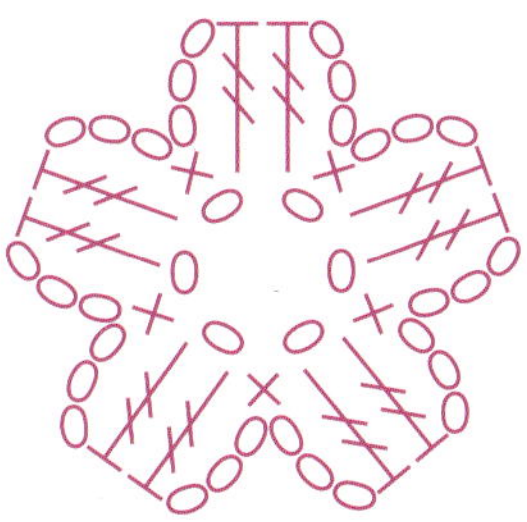

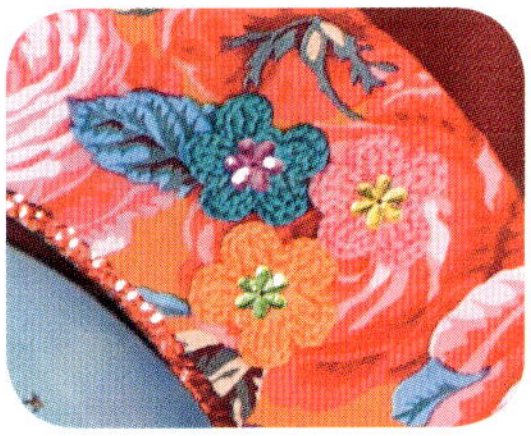

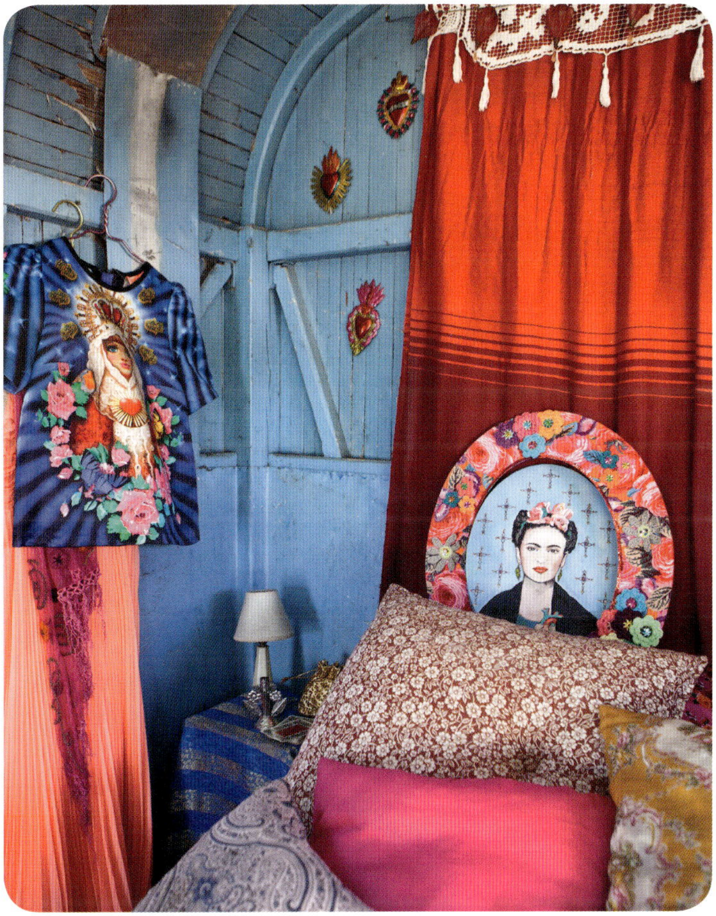

Châle de bohémienne

Une belle gitane, diseuse de bonne aventure...

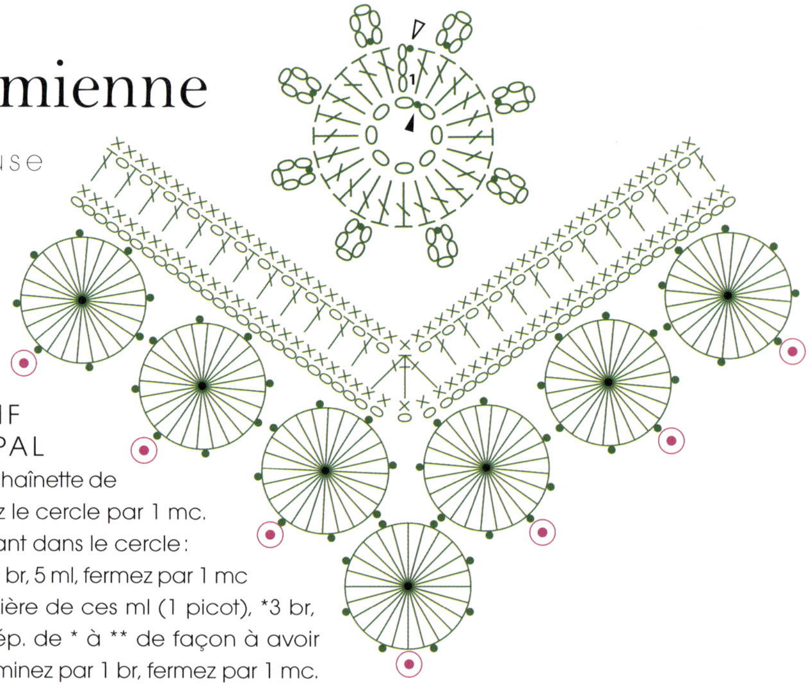

FOURNITURES

- *Du fil de soie*
- *1 crochet n° 3,5*
- *Du tissu fleuri*
- *Des grosses paillettes*

POINTS EMPLOYÉS

- *Maille en l'air (ml)*
- *Maille coulée (mc)*
- *Bride (br)*
- *Picot*

LE MOTIF PRINCIPAL

Faites une chaînette de 8 ml, fermez le cercle par 1 mc.
En crochetant dans le cercle :
Rg 1 : 3 ml, 1 br, 5 ml, fermez par 1 mc sur la première de ces ml (1 picot), *3 br, 1 picot**, rép. de * à ** de façon à avoir 8 picots, terminez par 1 br, fermez par 1 mc.
Assemblez les motifs en crochetant par 1 mc dans les picots (voir le schéma du haut).

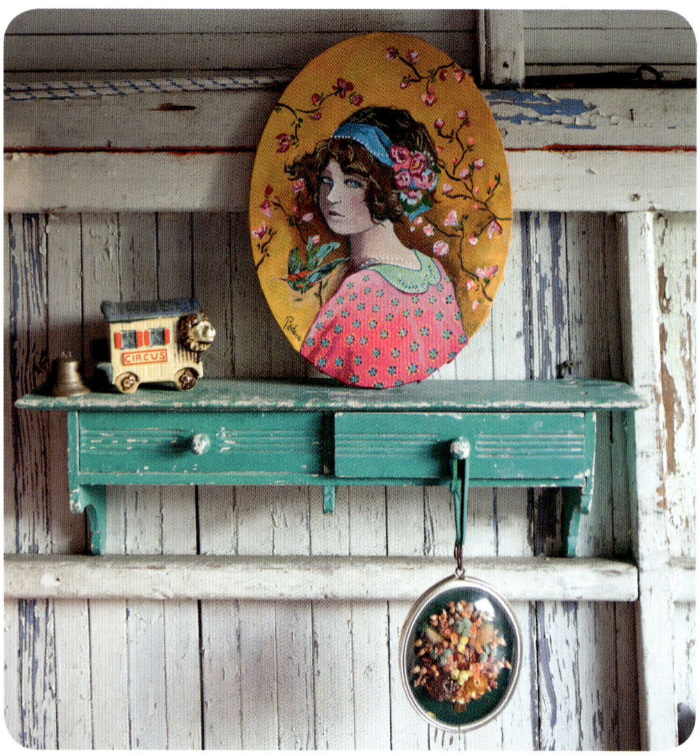

LA BORDURE

Faites une chaînette de la longueur désirée, assemblez la guirlande de cercles (voir le schéma du bas) en crochetant, sans vous préoccuper de l'angle.
Rg 1 : tout en ms.
Rg 2 : 4 ml, (1 br, 1 ml, passez 1 m.) sur toute la moitié de la longueur, au niveau de l'angle, 3 br fermées ensemble, continuez en faisant (1 ml, passez 1 m., 1 br).
Rg 3 : tout en ms.

L'ASSEMBLAGE

1. Coupez le tissu en forme de triangle selon la taille désirée. Vous pouvez l'ourler ou bien couper 2 pièces de tissu identiques, et les assembler endroit contre endroit.
2. Épinglez la bordure sur le châle, cousez.
3. Cousez les paillettes.

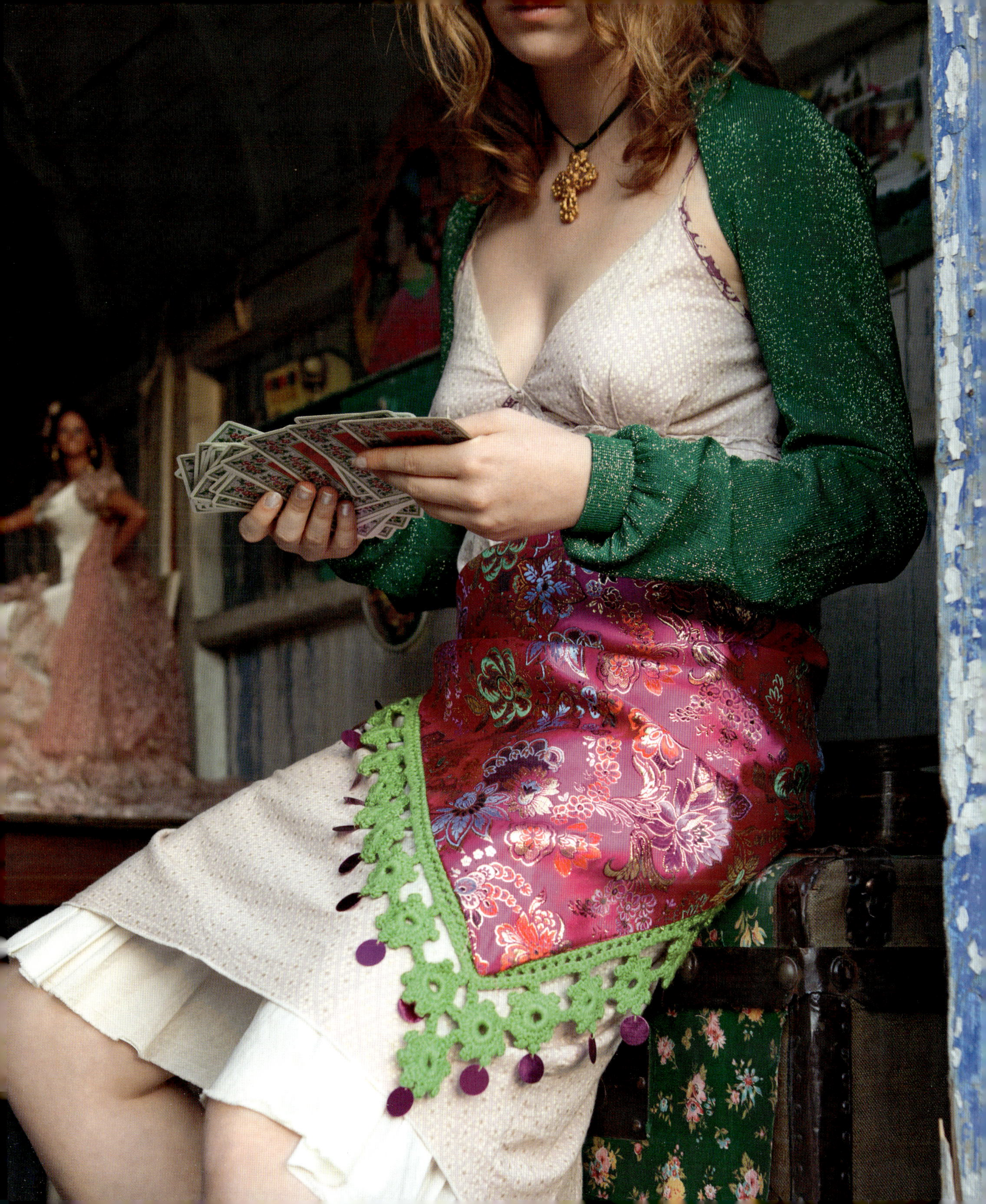

Sac russe

Toute l'âme slave dans ce pochon

FOURNITURES

- *De la laine Mérinos : verte, rose vif, jaune vif, rouge, marron : 50 g de chaque*
- *2 crochets : n° 3,5 et n° 6*
- *1 châle russe*
- *Des boutons fleurs en nacre rose : 10*
- *1 cercle de Jeffytex de 18 cm de diamètre*

POINTS EMPLOYÉS

- *Maille en l'air (ml)*
- *Maille coulée (mc)*
- *Maille serrée (ms)*
- *Bride (br)*
- *Double bride (dlbr)*

LE CORPS DU SAC

Le sac se crochète en rond, de manière à former un cylindre. Pour faciliter le travail, ne fermez pas la chaînette de base, vous le ferez au moment de l'assemblage.

Faites une chaînette de 196 ml avec le fil vert.

Rg 1 : Fil marron, 4 ml, passez 1 ml, (3 br, passez 1 ml, 1 ml) jusqu'à ce qu'il ne reste plus que 2 ml de la chaînette de base, 2 br, formez un cercle en faisant 1 mc dans la 3e ml du début de rg.

Rg 2 : Fil rose, 1 ms dans un espace du rg préc., (3 ml, passez 3 br, 1 ms) tout le long du rg, 1 mc dans la ms du départ. Coupez le fil, changez de couleur.

Rép. toujours ces 2 rgs, les rgs pairs se font en marron, les rgs impairs se font alternativement en rose, jaune, rouge, vert.

À 25 cm (43 rgs), arrêtez le fil.

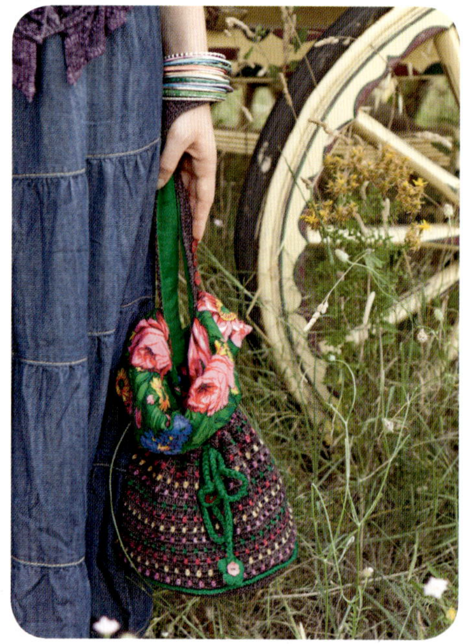

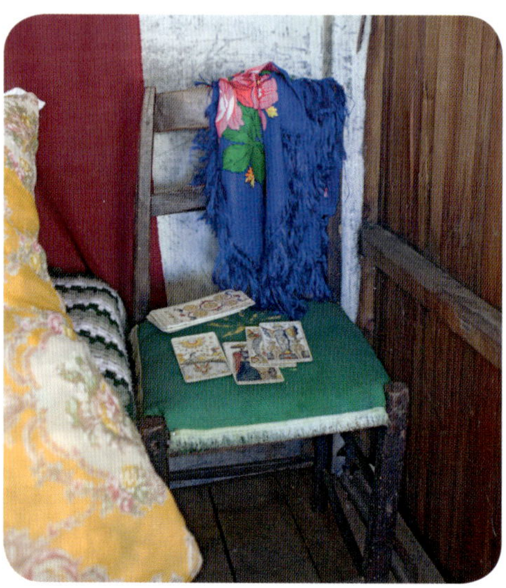

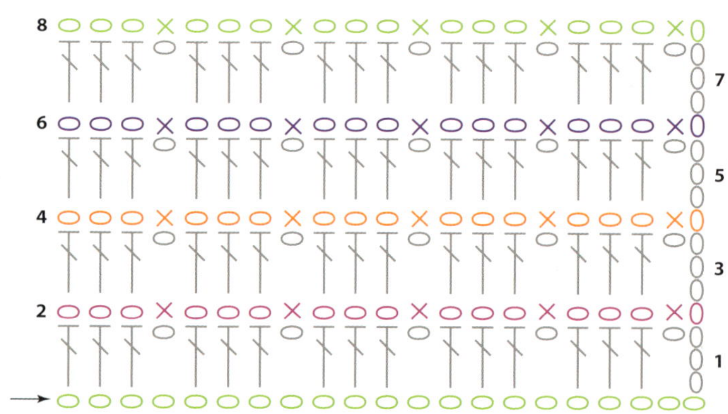

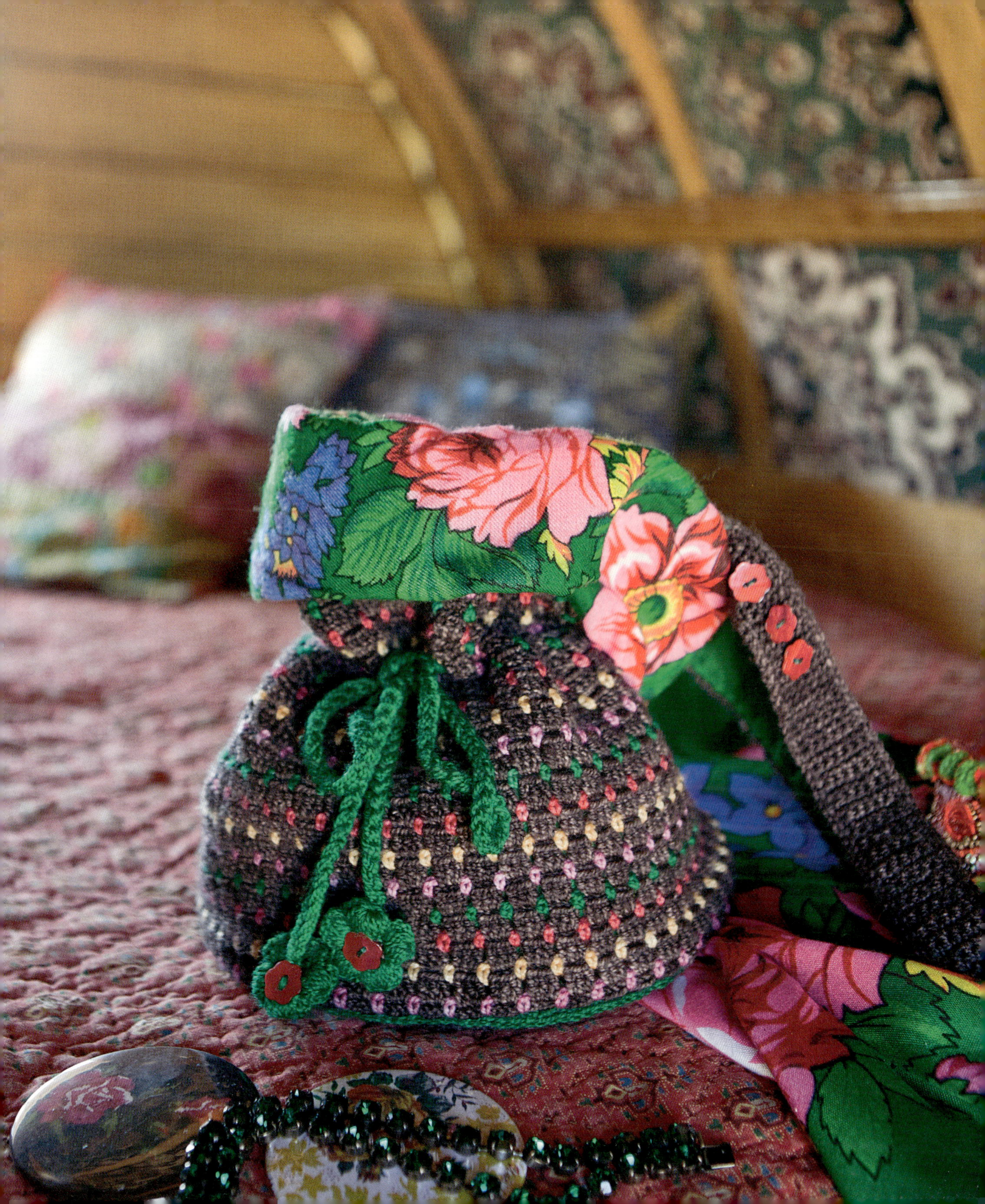

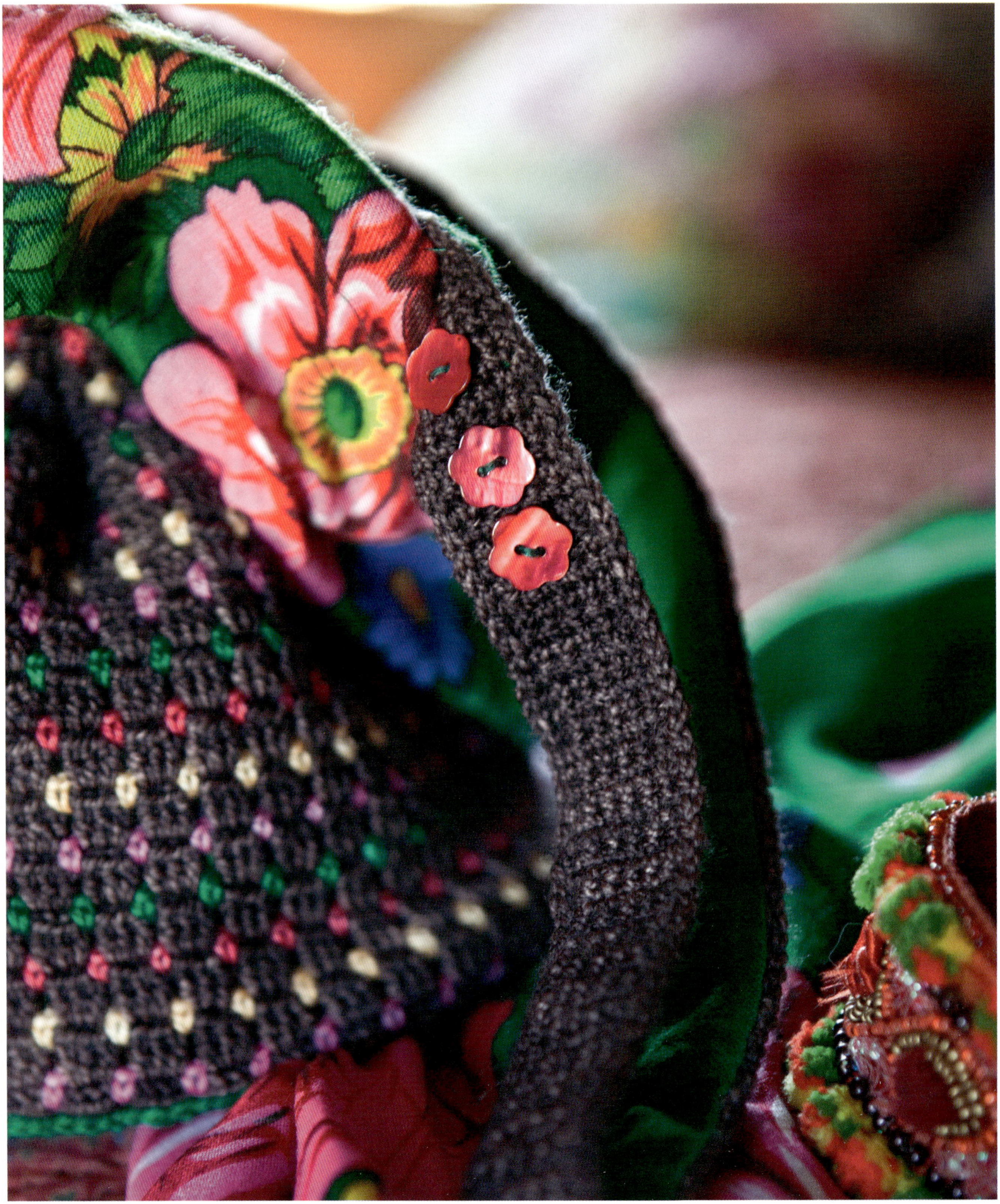

LE FOND DU SAC

Crochetez en rond et en ms, un cercle de 19 cm de diamètre.

L'ANSE

Sur une chaînette de base de 7 ml, crochetez en ms une bande de 65 cm de long. Coupez le fil, arrêtez. Faire 1 rg de mc tout autour de l'anse. La cordelière : avec le crochet n° 6 et 3 brins de fil vert pris ensemble, faites une chaînette de 90 cm.

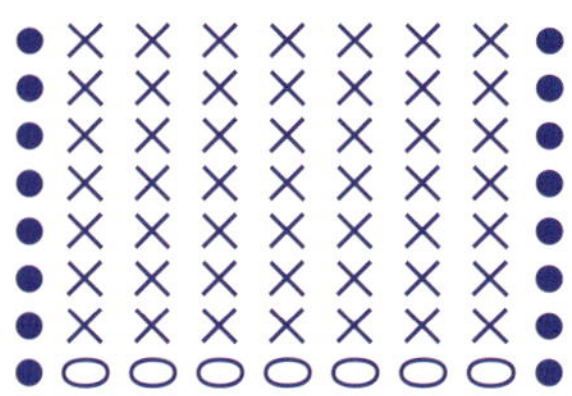

LES FLEURS

Avec le fil vert, faites une chaînette de base de 5 ml, fermez par 1 mc pour former un cercle.

Rg 1 : 1 ml puis 10 ms en piquant dans le cercle.

Rg 2 : 4 ml, (5 dlbr fermées ens., 3 ml, 1 ms, 3 ml) rép. 4 fois, 1 mc dans la 1re ml du départ. Vous avez 5 pétales.

Réalisez 2 fleurs.

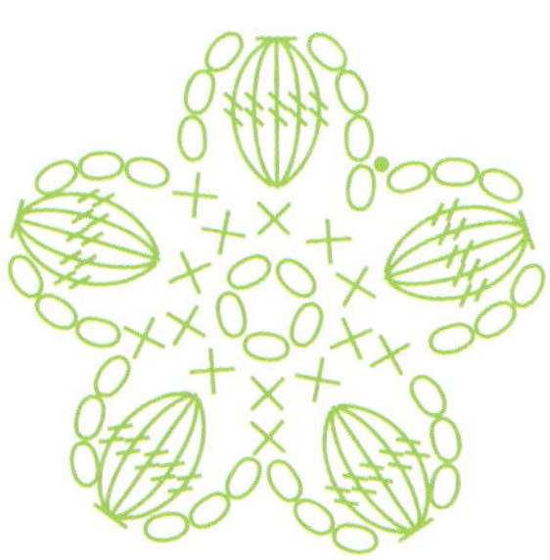

LA DOUBLURE

Coupez le châle de façon à obtenir un rectangle de 60 x 40 cm. Pliez le rectangle endroit contre endroit, faites une couture de côté. Assemblez avec le cercle du fond en fronçant légèrement.

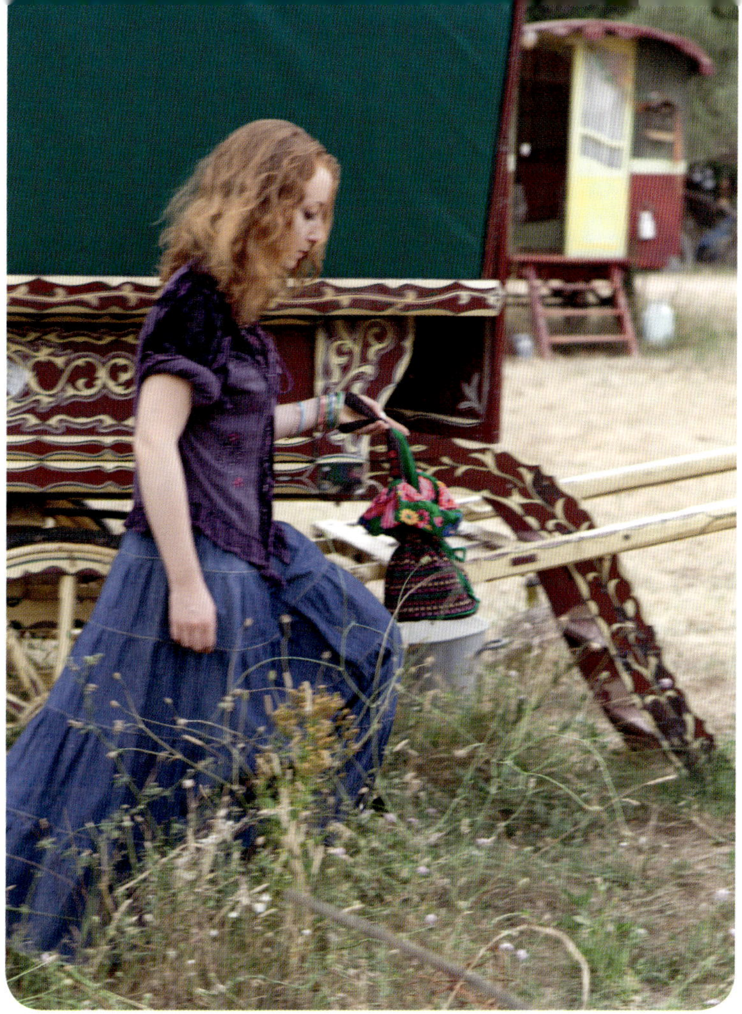

LE MONTAGE

1. Faire 1 rg de ms sur le bas du corps du sac avec le fil vert. Assemblez le fond et le corps du sac.

2. Posez le cercle de Jeffytex au fond du sac, posez la doublure à l'intérieur. Faites quelques points invisibles pour maintenir le fond crocheté, le Jeffytex et le fond de la doublure.

3. Cousez à points invisibles le haut de la doublure avec le haut du sac. Repliez le surplus de doublure vers l'extérieur. Passez la cordelière au niveau du 14e rg. Cousez les fleurs au bout de la cordelière, cousez 2 boutons de chaque côté des fleurs.

4. Doublez l'anse avec le reste de tissu du châle en cousant à points invisibles.

5. Posez l'anse en cousant sur 6 cm à l'intérieur du sac. Cousez 3 boutons de chaque côté de la base de l'anse.

Carte postale dentelée

Les cartes postales prennent une tout autre allure ainsi ornementées !

FOURNITURES

- *Des restes de laine fine*
- *1 crochet n° 1,5*
- *1 carte postale*
- *Des paillettes*
- *1 aiguille à broder*

POINTS EMPLOYÉS

- *Maille coulée (mc)*
- *Bride (br)*

1. Faites un point de feston tout autour de la carte.
2. Coupez le fil.
3. Crochetez 1 mc, 5 br, 1 mc, 5 br tout autour de la carte, sauf dans les angles où vous devez faire 9 br.
4. Collez à votre guise des paillettes sur la carte.

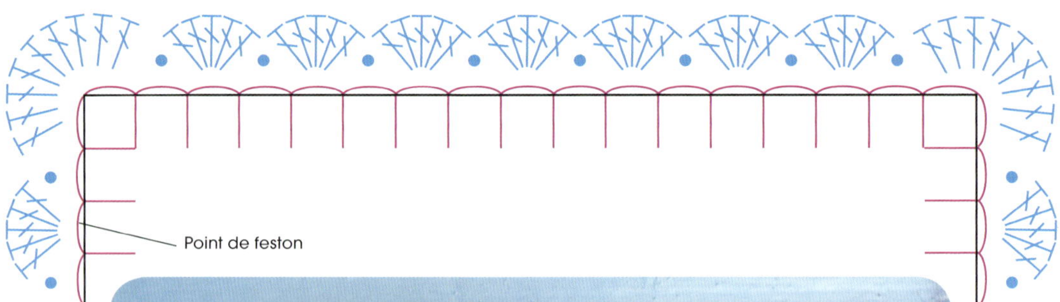

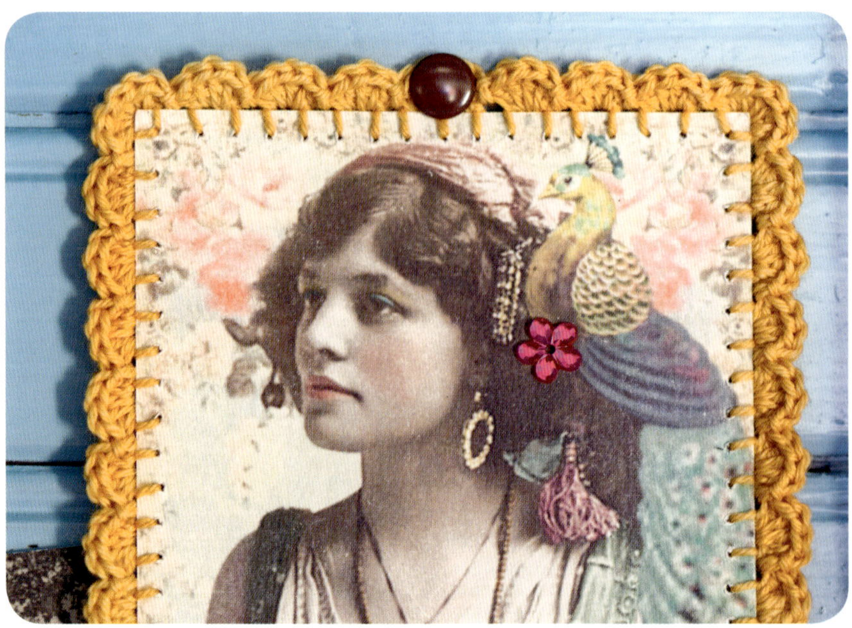

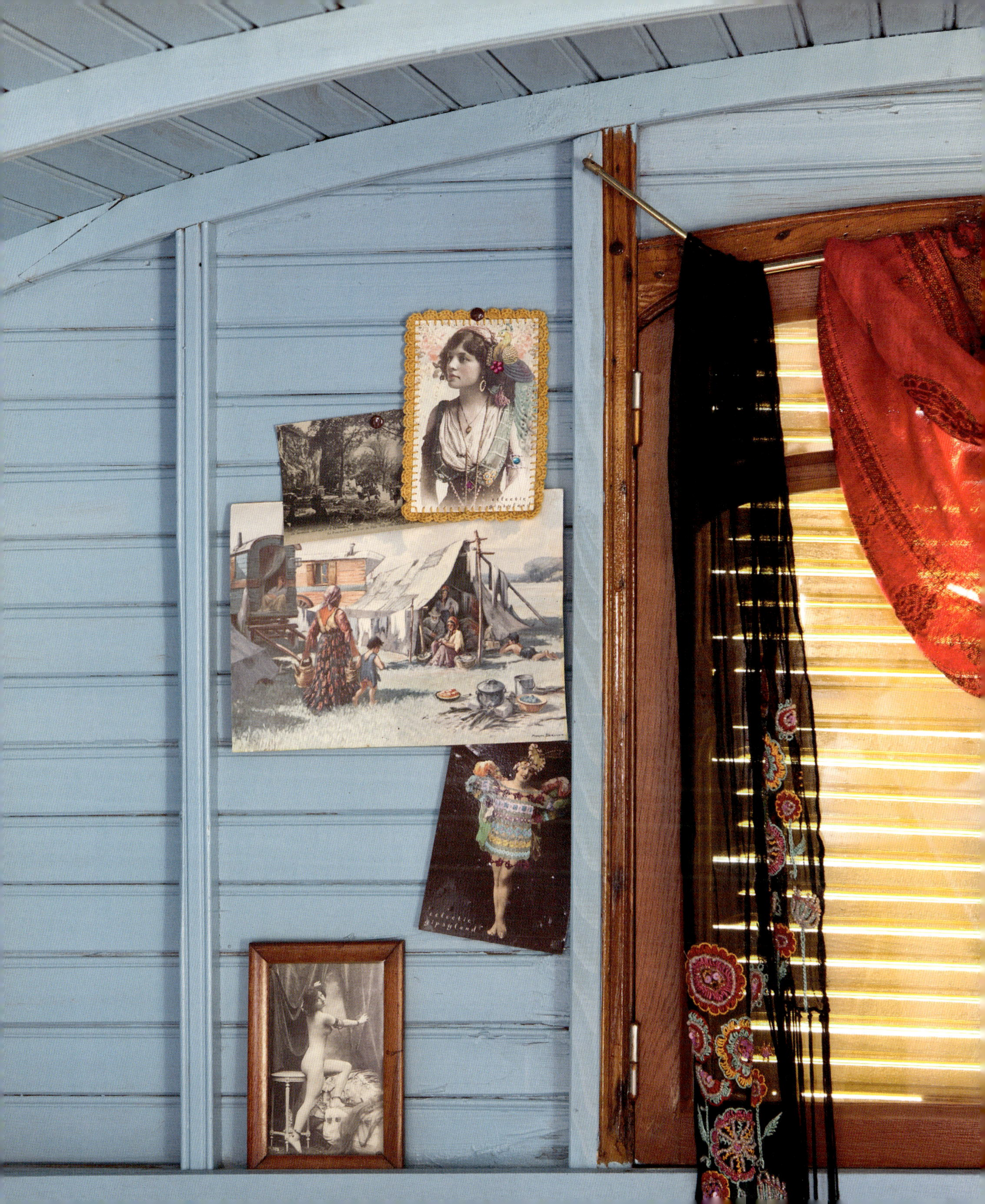

Bracelet porte-bonheur

Il se pare de couleurs vives et de médailles, et tintinnabule sur le poignet.

FOURNITURES

- *Du coton mercerisé*
- *1 crochet n° 1,5*
- *6 anneaux métalliques 2,5 cm de diamètre*
- *1 fermoir, des petits anneaux*
- *Des perles et des pampilles*
- *1 pince à bijoux*

POINT EMPLOYÉ

- *Maille serrée (ms)*

1. Crochetez 40 ms tout autour de chaque anneau en piquant dans le cercle.

2. Assemblez le bracelet avec les petits anneaux de montage et le fermoir.

3. Ajoutez à votre guise les perles et pampilles.

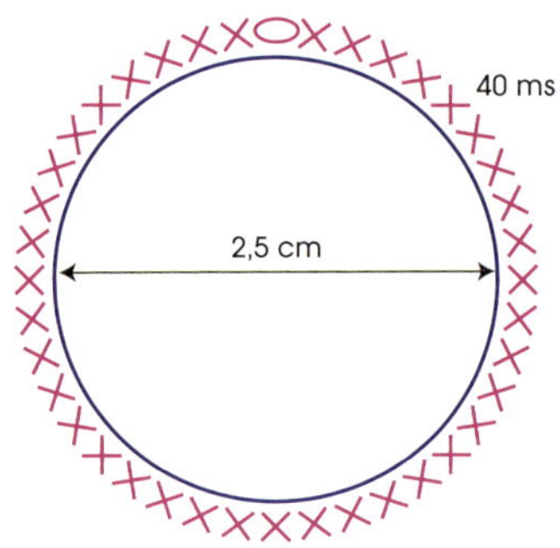

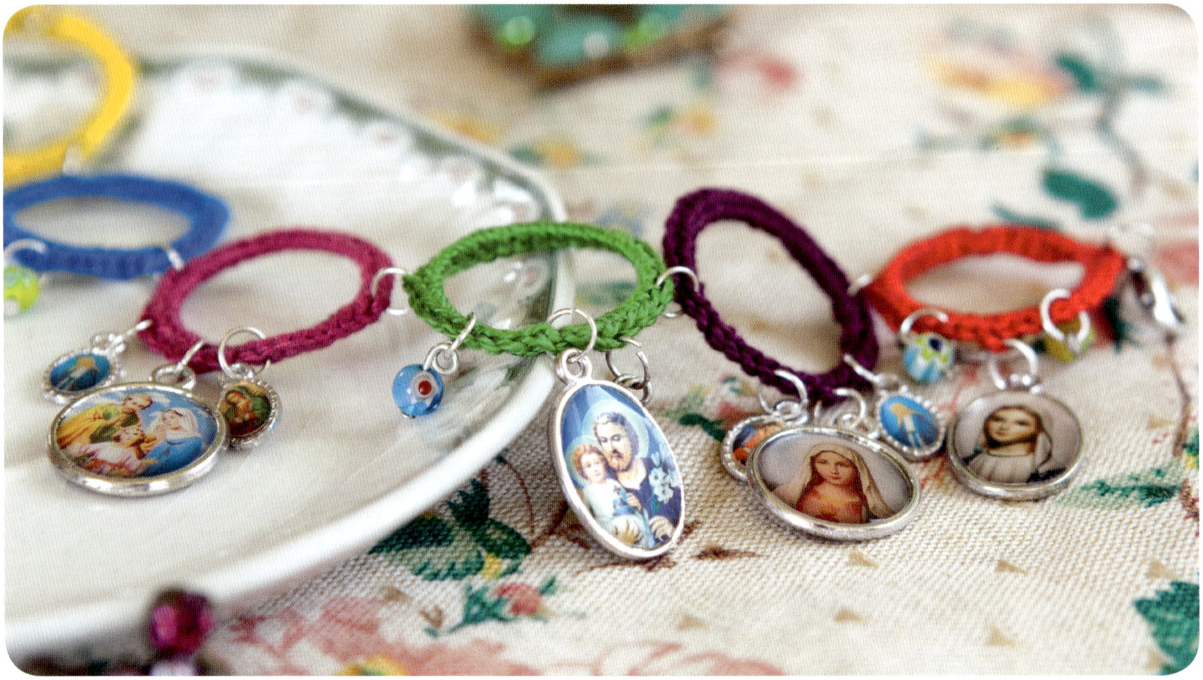

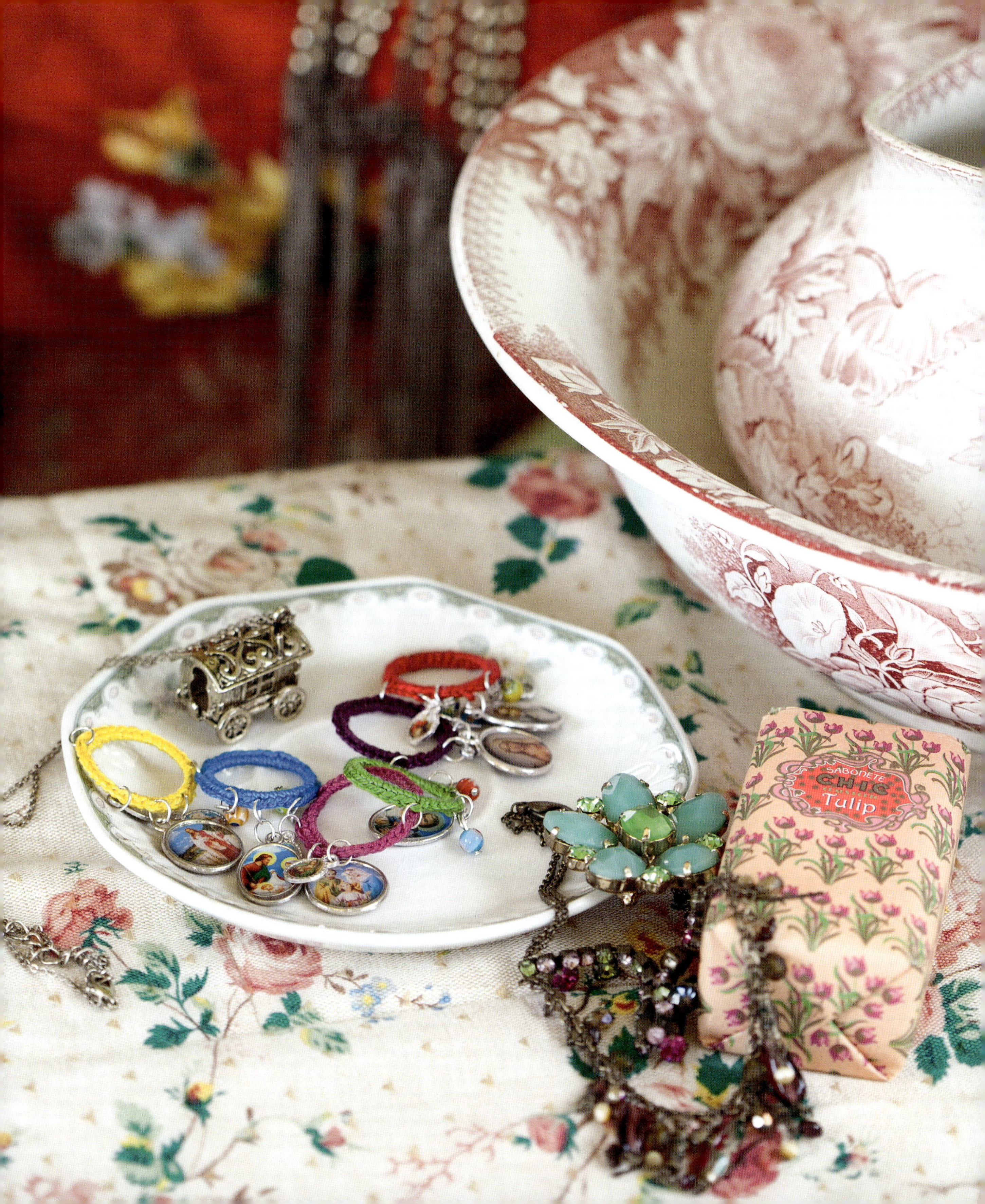
SABONETE
CHIC
Tulip

Aumônière à froufrous

L'accessoire essentiel d'une belle gitane.

FOURNITURES

- *De la laine 100 %, dans plusieurs coloris*
- *1 crochet n° 2,5*
- *1 fermoir à clip type porte-monnaie de 12,5 cm*

POINTS EMPLOYÉS

- *Maille en l'air (ml)*
- *Maille coulée (mc)*
- *Maille serrée (ms)*
- *Bride (br)*
- *Demi-bride (dbr)*
- *Double bride (dlbr)*

CONSEIL

Crochetée dans une seule couleur et avec un fil brillant, cette aumônière devient pochette précieuse pour le soir !

LA FLEUR

Faites une chaînette de 4 ml, fermez le cercle par 1 mc.

Rg 1 : avec le fil orange, 3 ml, puis en crochetant dans le cercle, 2 br, 2 ml, 1 ms pour le 1er pétale, crochetez les 2 pétales suiv. ainsi : (2 ml, 2 br, 2 ml, 1 ms), pour le dernier pétale, 2 ml, 2 br, 2 ml, 1 mc dans la 1re ml du début de rang. Coupez le fil.

À partir de là, tous les rgs pairs se font sur l'arrière des pétales, ce sont ceux où vous formez les arceaux. Les pétales se crochètent sur les rangs impairs dans les arceaux.

Rg 2 : Avec le fil bleu (1 ms entre 2 br du rg préc., 3 ml) 4 fois, fermez le rg par 1 mc.

Rg 3 : Dans chacun des 4 arceaux : 1 ms, 2 ml, 3 br, 2 ml, 1 ms, fermez le rg par 1 mc. Coupez le fil.

Rg 4 : Avec le fil rose : *1 ms entre 1 ms et la 1re br du rg préc., 4 ml, 1 ms entre la 3e br et la ms du même pétale, 4 ml, 1 ms entre la 1re et la 2e r du pétale suiv., 4 ml**, rép. de * à **, fermez par 1 mc.

Rg 5 : Dans chacun des 6 arceaux : 1 ms, 2 ml, 4 br, 2 ml, 1 ms, fermez le rg par 1 mc, coupez le fil.

Rg 6 : Avec le fil jaune : *1 ms entre la 2e et la 3e br du pétale, 5 ml**, rép. de * à **, fermez par 1 mc.

Rg 7 : Dans chacun des 6 arceaux : 1 ms, 2 ml, 5 br, 2 ml, 1 ms, fermez par 1 mc, coupez le fil.

Rg 8 : Avec le fil vert : *1 ms entre la 2e et la 3e br d'un pétale, 5 ml, 1 ms entre la 1re et la 2e br du pétale suiv., 5 ml, 1 ms entre la ms et la 1re br du pétale suiv., 5 ml, 1 ms entre la 5e br et la ms du même pétale, 5 ml**, rép. de * à **, fermez par 1 mc.

Rg 9 : Dans chacun des 8 arceaux, 1 ms, 2 ml, 5 br, 2 ml, 1 ms, fermez par 1 mc, coupez le fil.

Rg 10 : Avec le fil violet, 1 ms en piquant le crochet entre la 2e et la 3e br d'un pétale, rép. tout le rg, fermez par 1 mc.

Rg 11 : Dans chacun des 8 arceaux, 1 ms, 2 ml, 6 br, 2 ml, 1 ms, fermez par 1 mc, coupez le fil.

Rg 12 : Avec le fil rose, *1 ms en piquant le crochet entre 1 ms et la 1re br d'un pétale, 6 ml, 1 ms entre la 6e br et la ms du même pétale, 6 ml, 1 ms entre la 3e et la 4e br du pétale suiv., 6 ml, 1 ms entre la 3e et la 4e br du pétale suiv., 6 ml, 1 ms entre la 3e et la 4e br du pétale suiv., 6 ml**, rép. de * à **, fermez par 1 mc.

Rg 13 : Dans chacun des 10 arceaux : 1 ms, 2 ml, 6 br, 2 ml, 1 ms, fermez par 1 mc, coupez le fil.

Rg 14 : Avec le fil bleu, 1 ms en piquant le crochet entre la 2e et la 3e br d'un pétale, 7 ml, rép. pendant tout le rg, fermez par 1 mc.

Rg 15 : Dans chacun des 10 arceaux, 1 ms, 3 ml, 7 dlbr, 3 ml, 1 ms, fermez par 1 mc, coupez le fil.

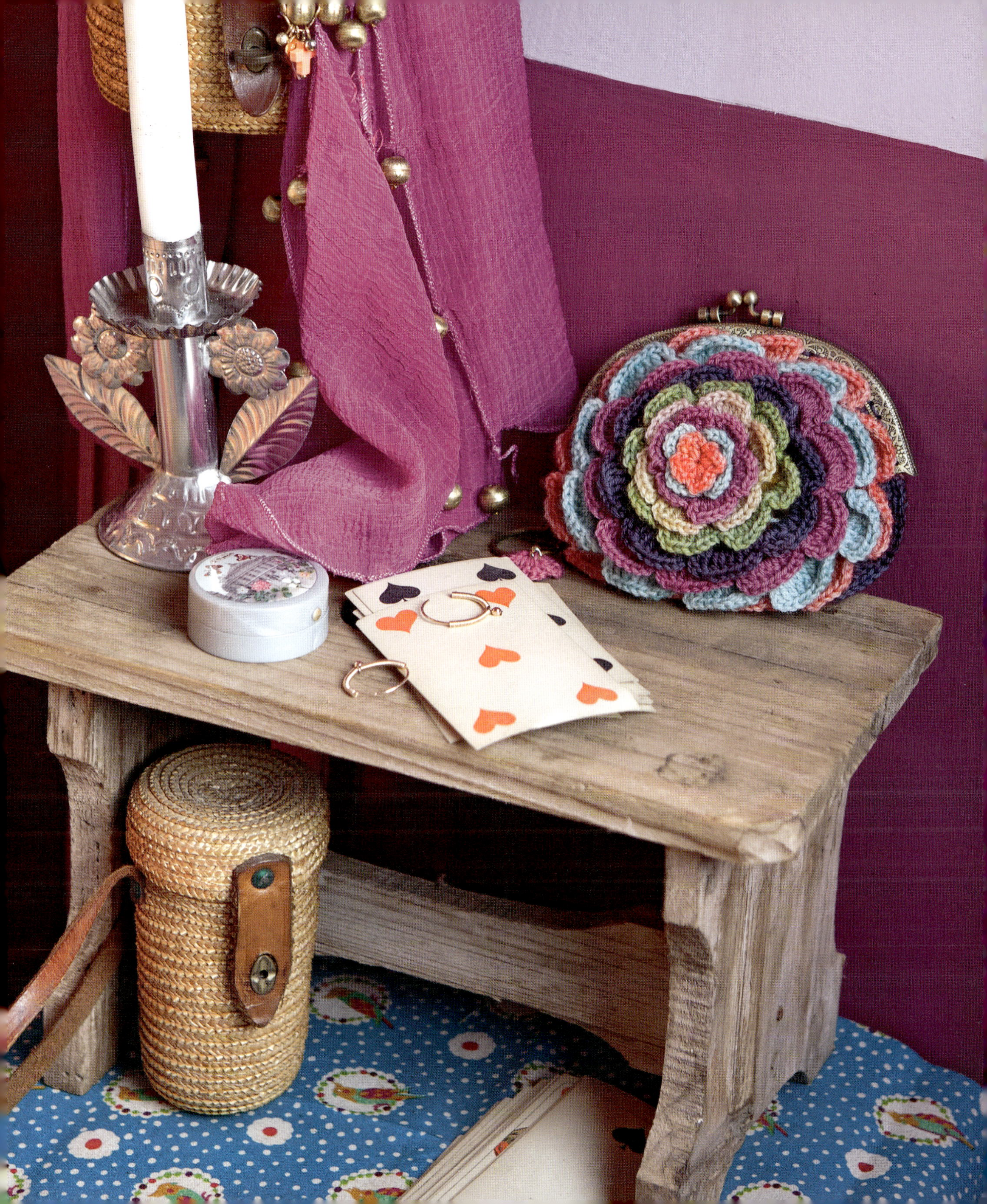

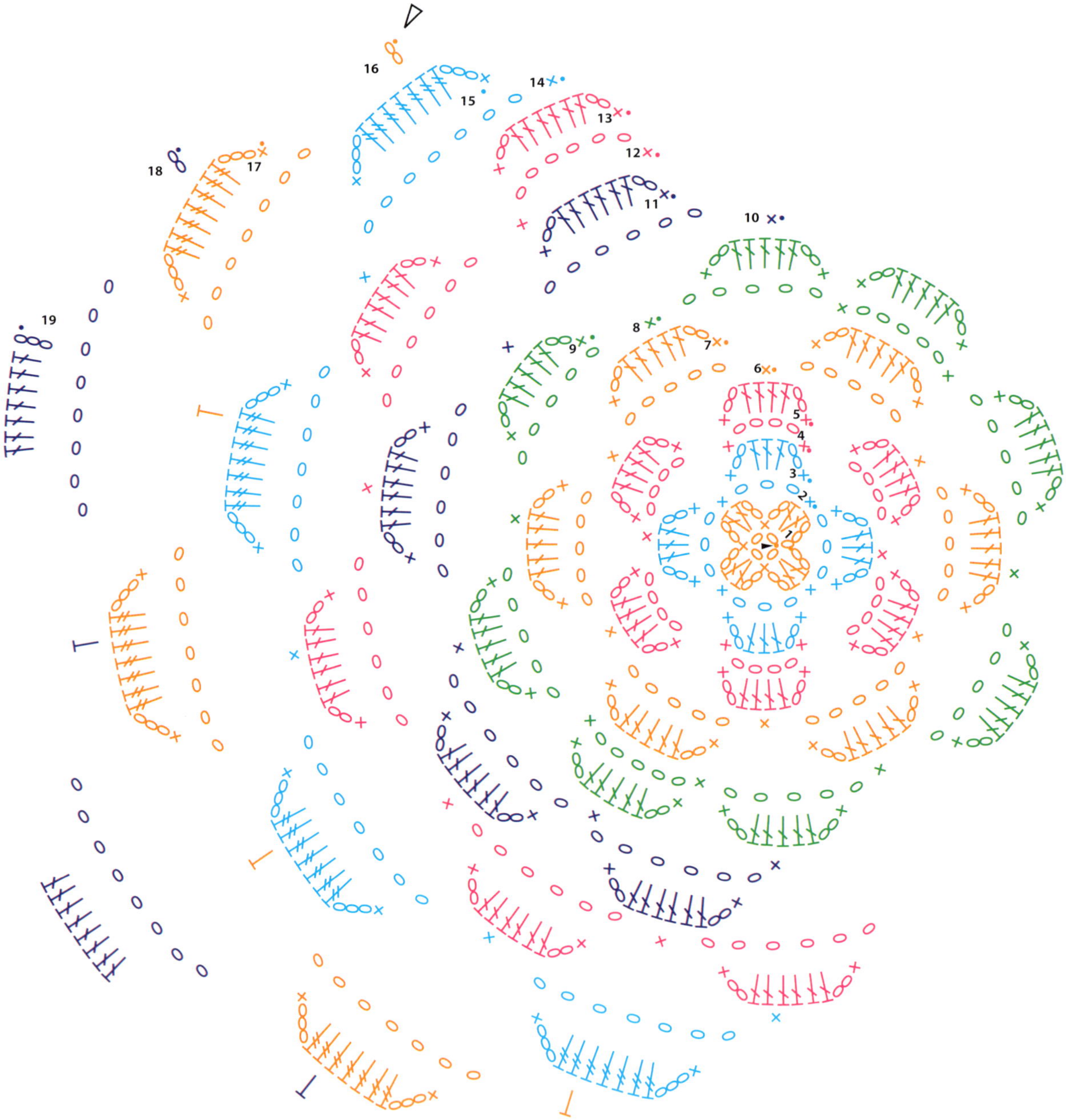

Rg 16 : Avec le fil orange, en piquant entre la 2e et la 3e dlbr d'un pétale, 9 ml, *1 dbr entre la 1re et la 2e dlbr du pétale suiv., 7 ml, 1 dbr entre la 2e et la 3e dlbr du pétale suiv., 7 ml, 1 dbr entre la 1re la 2e dlbr du pétale suiv., 7 ml, 1 dbr entre la ms et la 1re dlbr du pétale suiv., 7 ml, 1 dbr entre la 7e dlbr et la ms du même pétale, 7 ml**, 1 dbr entre la 2e et la 3e dlbr du pétale suiv., 7 ml, rép. de * à **, fermez par 1 mc.

Rg 17 : Dans chacun des 12 arceaux, 1 ms, 3 ml, 7 dlbr, 3 ml, 1 ms, fermez par 1 mc, coupez le fil.

Rg 18 : Avec le fil violet, en piquant entre la 2e et la 3e dlbr d'un pétale, 10 ml, *1 dbr entre la 2e et la 3e dlbr du pétale suiv., 8 ml**, rép. de * à **, fermez par 1 mc.

Rg 19 : 3 ml, 7 br dans le 1er arceau, puis 8 br dans chacun des 11 arceaux suiv., fermez le rg par 1 mc dans la 3e ml du début de rang.

LE DOS

Faites une chaînette de 6 ml, fermez le cercle par 1 mc.

Rg 1 : 3 ml, puis 13 br en piquant dans le cercle, fermez le rg par 1 mc dans la 3e ml du départ.

Rg 2 : 3 ml, 1 br dans la même m., puis 2 br dans chaque m. pendant tout le rg, fermez par 1 mc.

Rg 3 : 3 ml, 2 br dans la m. suiv., puis *1 br, 2 br dans la suiv.**, rép. de * à ** pendant tout le tour, fermez par 1 mc.

Rg 4 : rép. le 3e rang.

Rg 5 : 3 ml puis 1 br dans chaque m., fermez par 1 mc.

Rg 6 : Rép. le 3e rang.

Rg 7 : 3 ml, 1 br dans la même m., *4 br, 2 br dans la même m.**, rép. de * à ** pendant tout le rg, fermez par 1 mc.

Rg 8 : 3 ml, puis 1 br dans chaque m., fermez par 1 mc.

LES FINITIONS

1. Posez la fleur et le dos, envers contre envers, repérez le point d'ouverture du fermoir par 2 épingles, assemblez le bas de l'aumônière par 1 rg de ms.

2. Insérez les 2 parties assemblées dans le fermoir et cousez à point avant.

3. Ajoutez une breloque dans l'anneau.

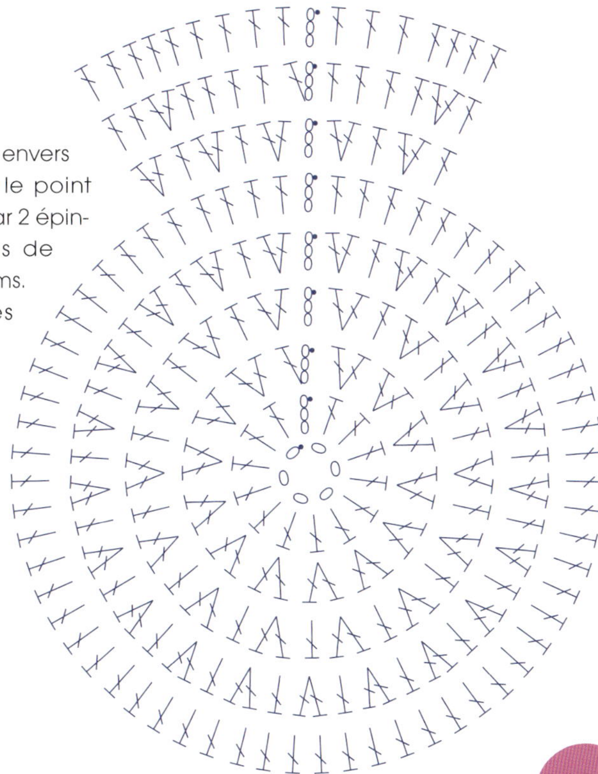

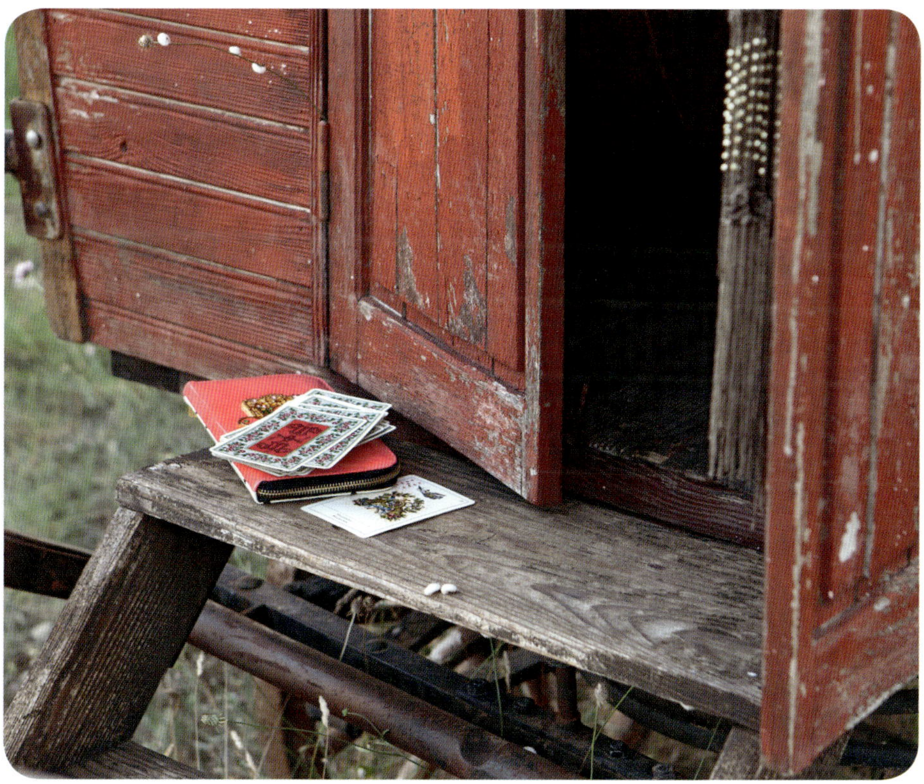

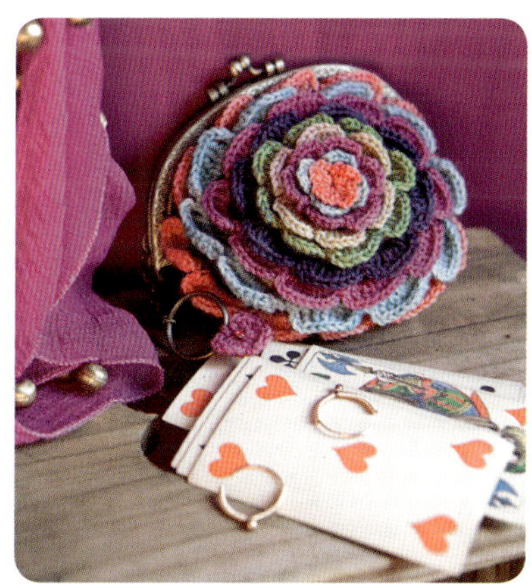

Roulotte aux trésors

Une boîte à trésors, délicieusement bohème avec ses couleurs acidulées.

FOURNITURES

- *Du fil de coton dans différentes couleurs*
- *1 crochet n°3*
- *Du carton plume*
- *Du Jeffytex : 21 x 40 cm*
- *Du ruban adhésif large*
- *2 petits tasseaux de bois de 15 cm de long*
- *Du tissu, des galons*
- *Des perles, des boutons, des paillettes, des grelots...*
- *De la colle, et de la colle pour tissu*
- *4 vis*

POINTS EMPLOYÉS

- *Maille en l'air (ml)*
- *Maille coulée (mc)*
- *Maille serrée (ms)*
- *Bride (br)*

LA ROULOTTE (diagramme p. 55)

Le toit : 1 rectangle de 40 x 21 cm en br, coloris vert.

Les côtés : 2 rectangles de 31 x 15 cm en ms, coloris rose.

L'avant et l'arrière : 2 carrés de 15 cm en ms, coloris rose.

La porte : 1 rectangle de 7 x 13 cm en br, coloris marron.

Les volets : 8 bandes de 5 cm de long en br, coloris turquoise.

La roue : avec le fil marron, faites une chaînette de 6 ml, fermez le cercle par 1 mc.

Rg 1 : 3 ml, puis en crochetant dans le cercle, 15 br, fermez par 1 mc.

Rg 2 : 5 ml, puis (1 br, 2 ml) pendant tout le rg, fermez par 1 mc.

Rg 3 : 1 mc pour arriver dans un espace, 3 ml, 2 br dans le même espace, puis 3 br dans chaque espace, fermez par 1 mc.

Rg 4 : 3 ml, puis 1 br sur chaque m.

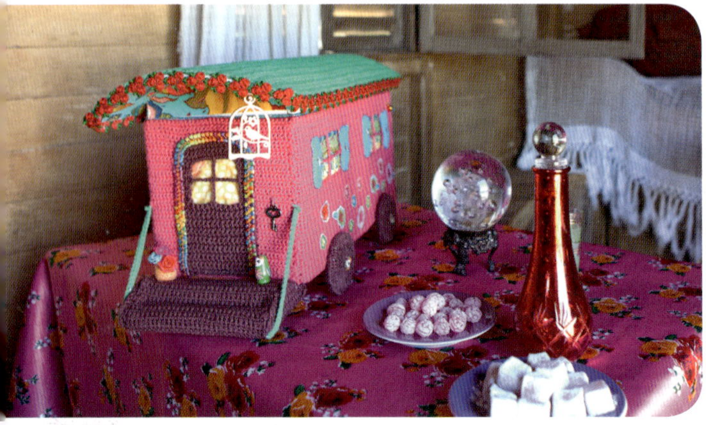

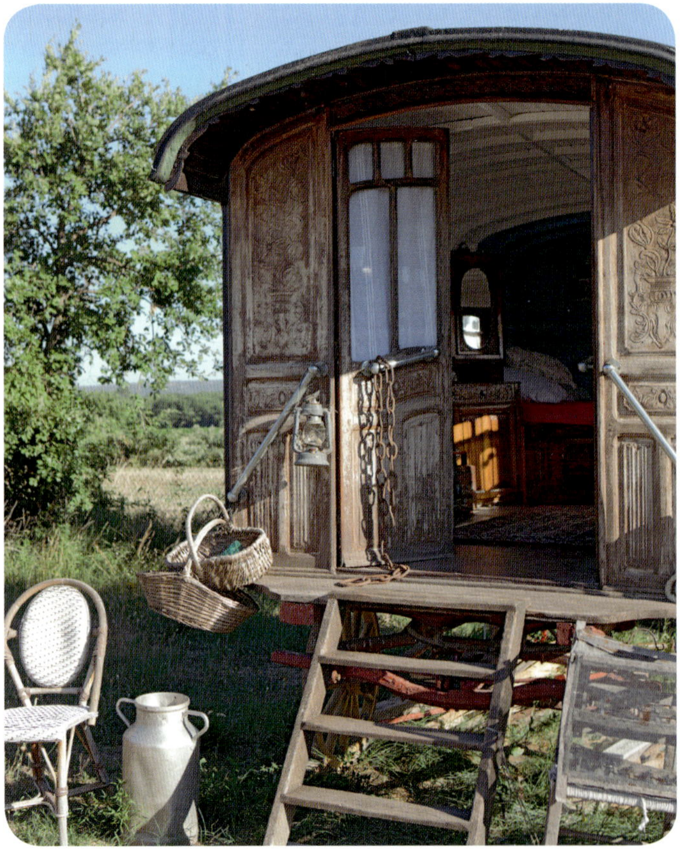

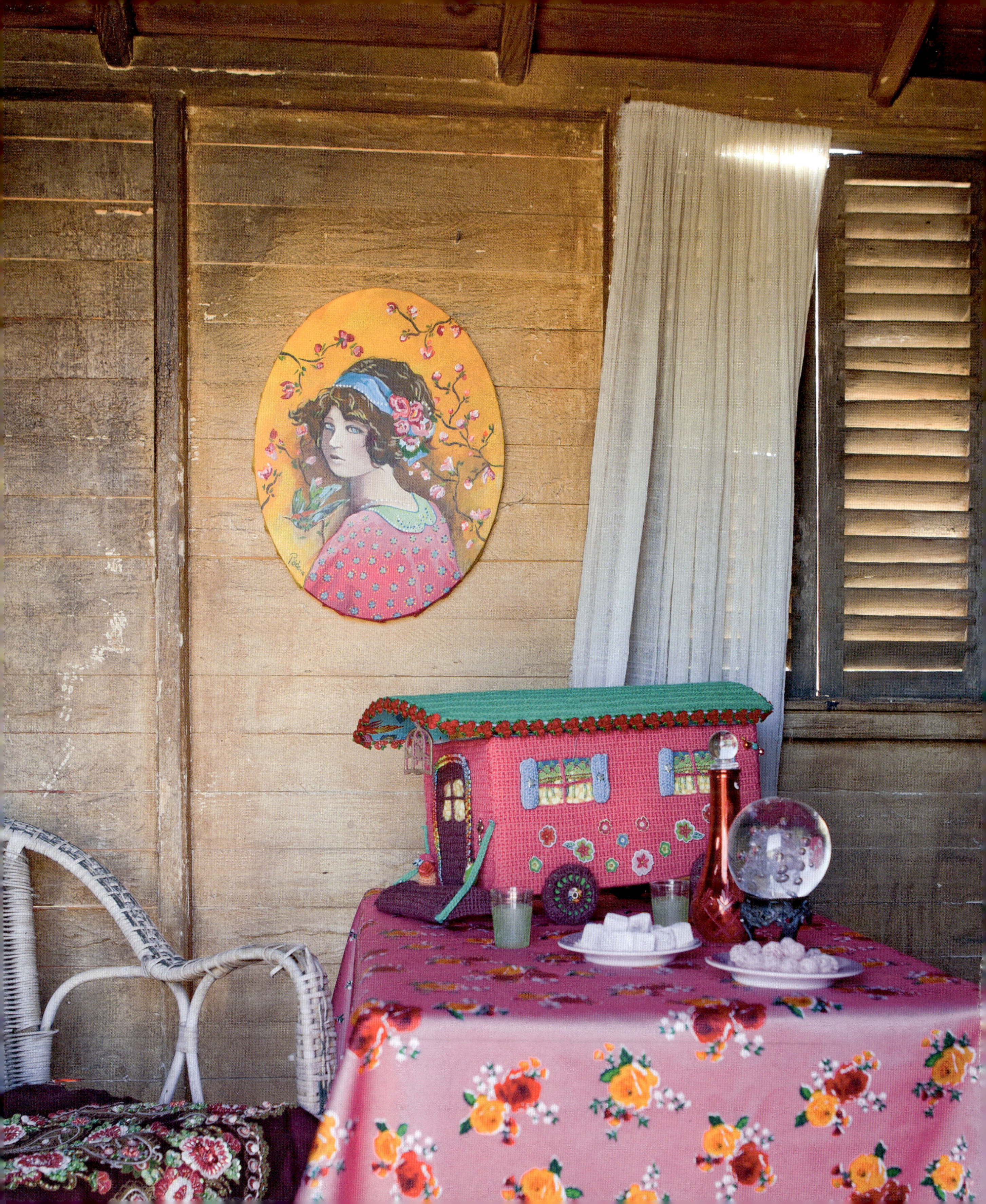

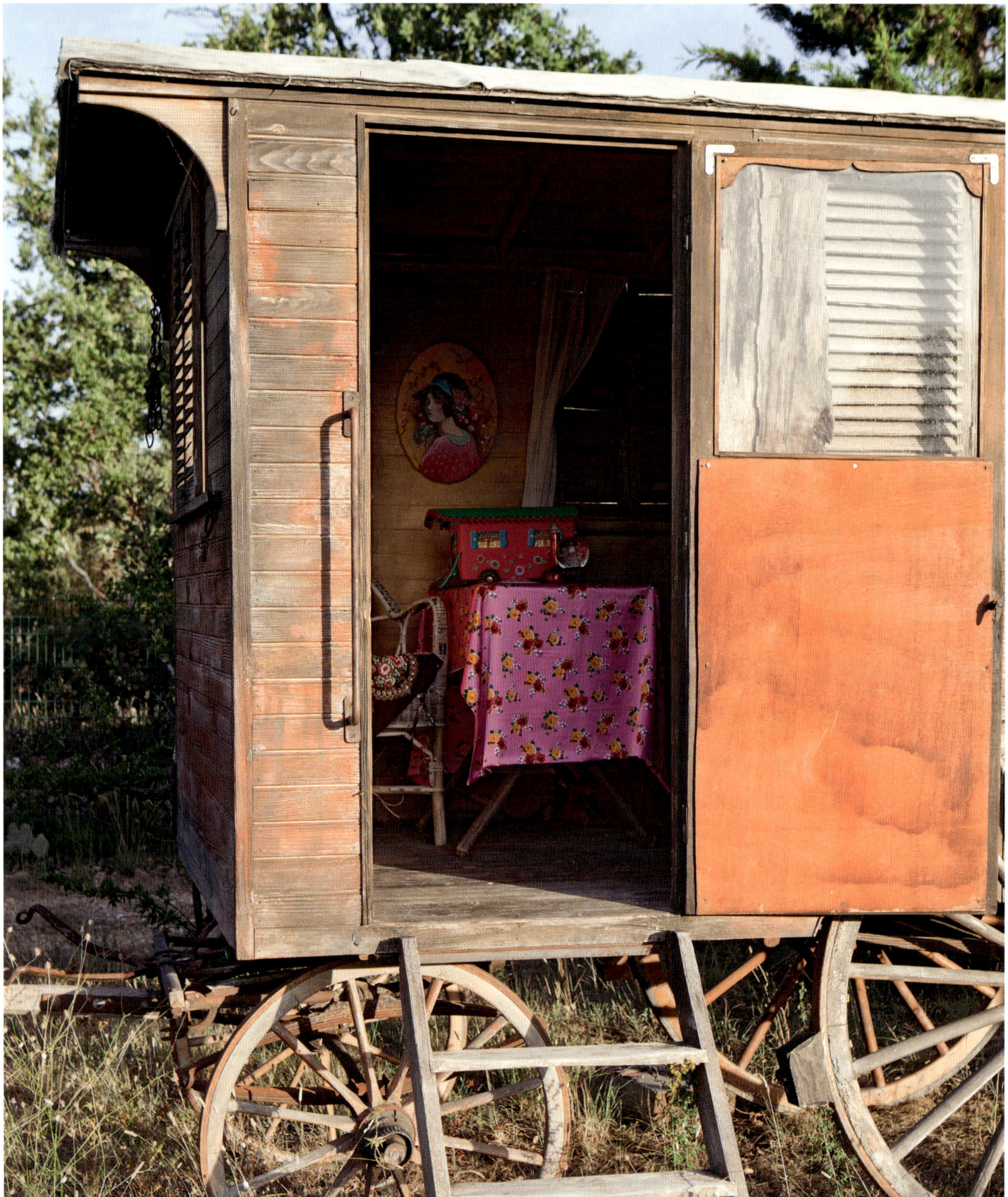

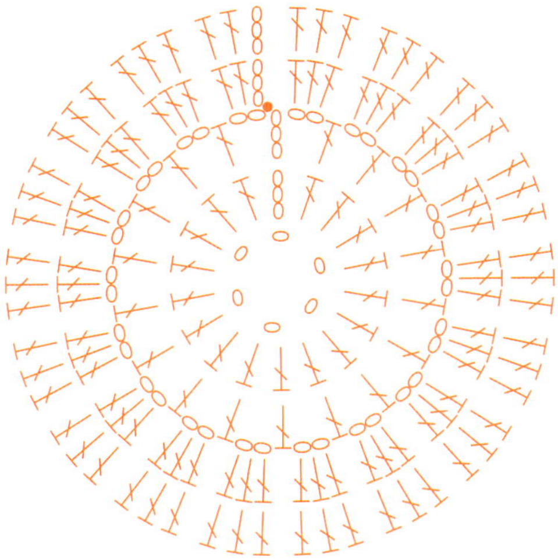

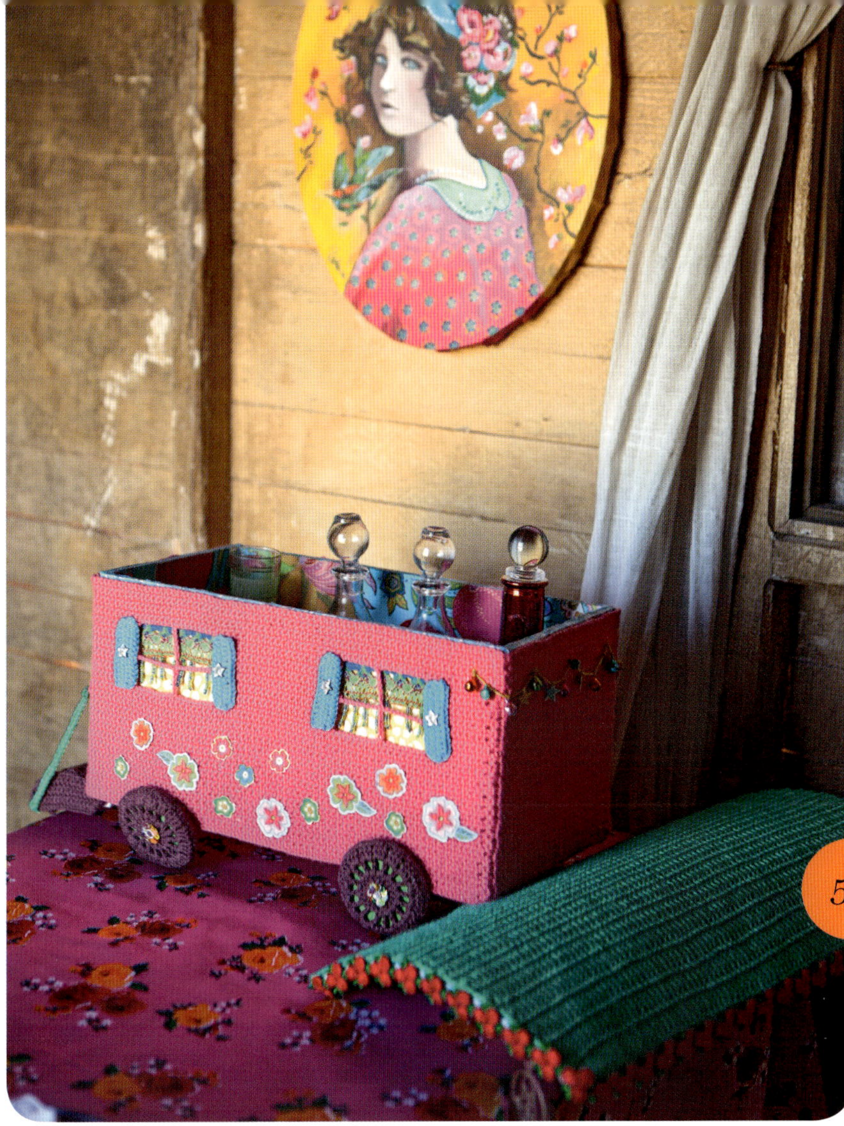

LE MONTAGE

1. Découpez chaque pièce dans le carton plume (voir le schéma), collez les 4 côtés, puis le fond. Renforcez avec le ruban d'adhésif.

2. Le couvercle : collez les parties des côtés, du dos et du devant. Mettez en forme le Jeffytex en l'arrondissant selon la forme des pièces du couvercle, collez.

3. Les roues : dans le carton plume, découpez 4 cercles de 5 cm de diamètre, collez-y des cercles de tissu de la même dimension. Passez un fil dans le dernier rang de cercles crochetés, resserrez autour des roues.

4. Coupez le tissu (voir le schéma), tapissez l'intérieur de la boîte et les pièces du couvercle.

LES FINITIONS

1. Assemblez les côtés, l'avant et l'arrière des parties crochetées. Cousez la porte et les volets à points invisibles. Collez le tout sur la boîte.

2. Collez le toit crocheté sur le Jeffytex.

3. Collez un galon sur le pourtour.

4. Vissez les roues au bout des tasseaux de bois. Collez les tasseaux sous la boîte.

5. Customisez la roulotte, avec des galons, des tissus, des grelots, des pampilles, des paillettes, des breloques... et tout ce qui vous plaira.

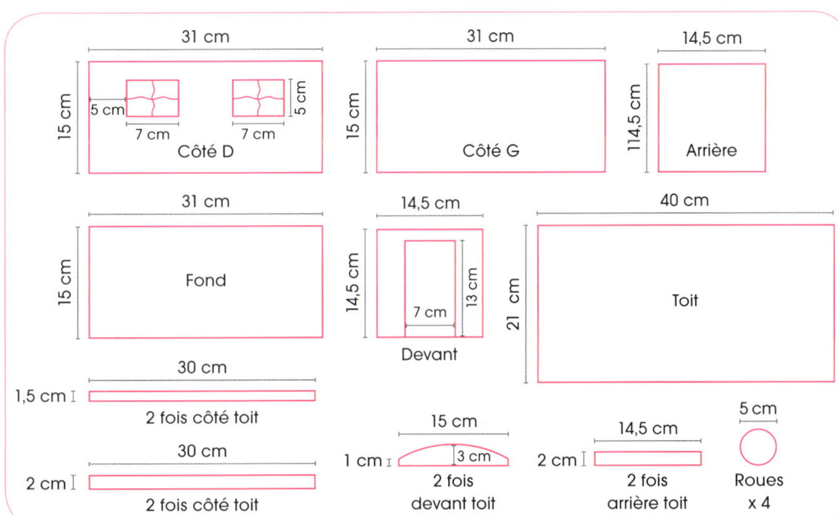

Sac Guadalupe

Tel un ex-voto aux couleurs flamboyantes, un sac au kitch assumé !

FOURNITURES

- *Des restes de fil de coton*
- *1 crochet n° 3*
- *Du tissu pour patchwork*
- *Des anses en bois*
- *Du galon indien : 3 m*
- *2 grosses perles indiennes pailletées, des paillettes étoiles et des perles*
- *1 bande de Jeffytex : 49 x 8 cm*

POINTS EMPLOYÉS

- *Maille en l'air (ml)*
- *Maille serrée (ms)*
- *Bride (br)*
- *Demi-bride (dbr)*

LES BANDES CROCHETÉES

Sur une chaînette de base de 64 m.

Rg 1 : tous en ms.

Rg 2 : 6 ml puis (1 br, 2 ml passez 2 m.), rép. tout le long du rg, term. par 1 br.

Rg 3 : 1 mc pour arriver dans l'espace, puis dans chaque espace (1 ms, 1 dbr, 1 ms).

Crochetez 4 bandes de chaque couleur.

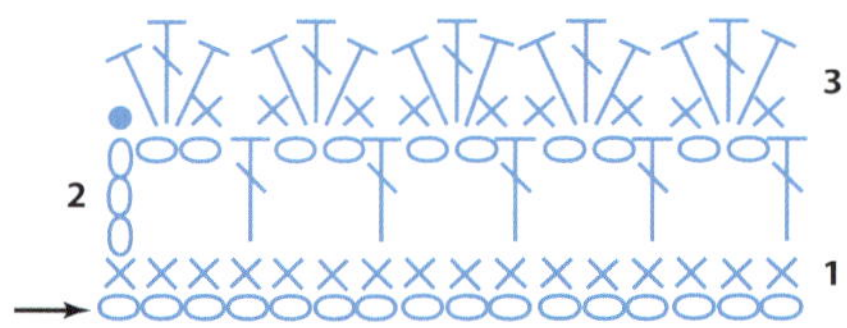

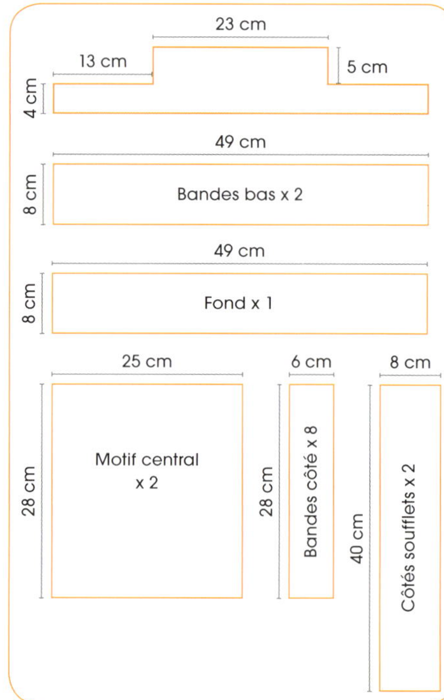

LE MONTAGE

1. Coupez toutes les pièces de tissu (voir le schéma).

2. Cousez les perles et paillettes sur le motif central. Cousez les 4 bandes verticales le long des motifs centraux. Cousez la bande du bas, puis la pièce du haut.

3. Une fois ces parties assemblées, posez le tout sur la doublure, et coupez aux mêmes dimensions. Coupez le fond et les 2 grandes bandes latérales.

4. Collez les galons, puis les bandes de crochet.

5. Cousez le dos et le devant du sac avec les bandes latérales, puis avec le fond.

LES FINITIONS

1. Assemblez la doublure, posez le corps du sac et la doublure endroit contre endroit, en laissant ouverte la partie du haut.

2. Posez les anses, rabattez la partie du haut, cousez à points invisibles.

3. Enfilez les 2 perles sur le galon restant, et nouez sur l'anse.

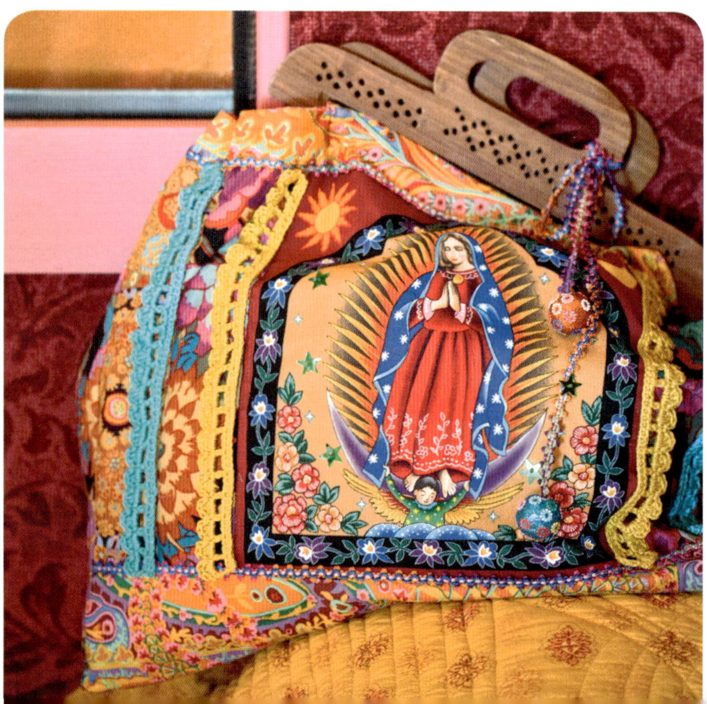

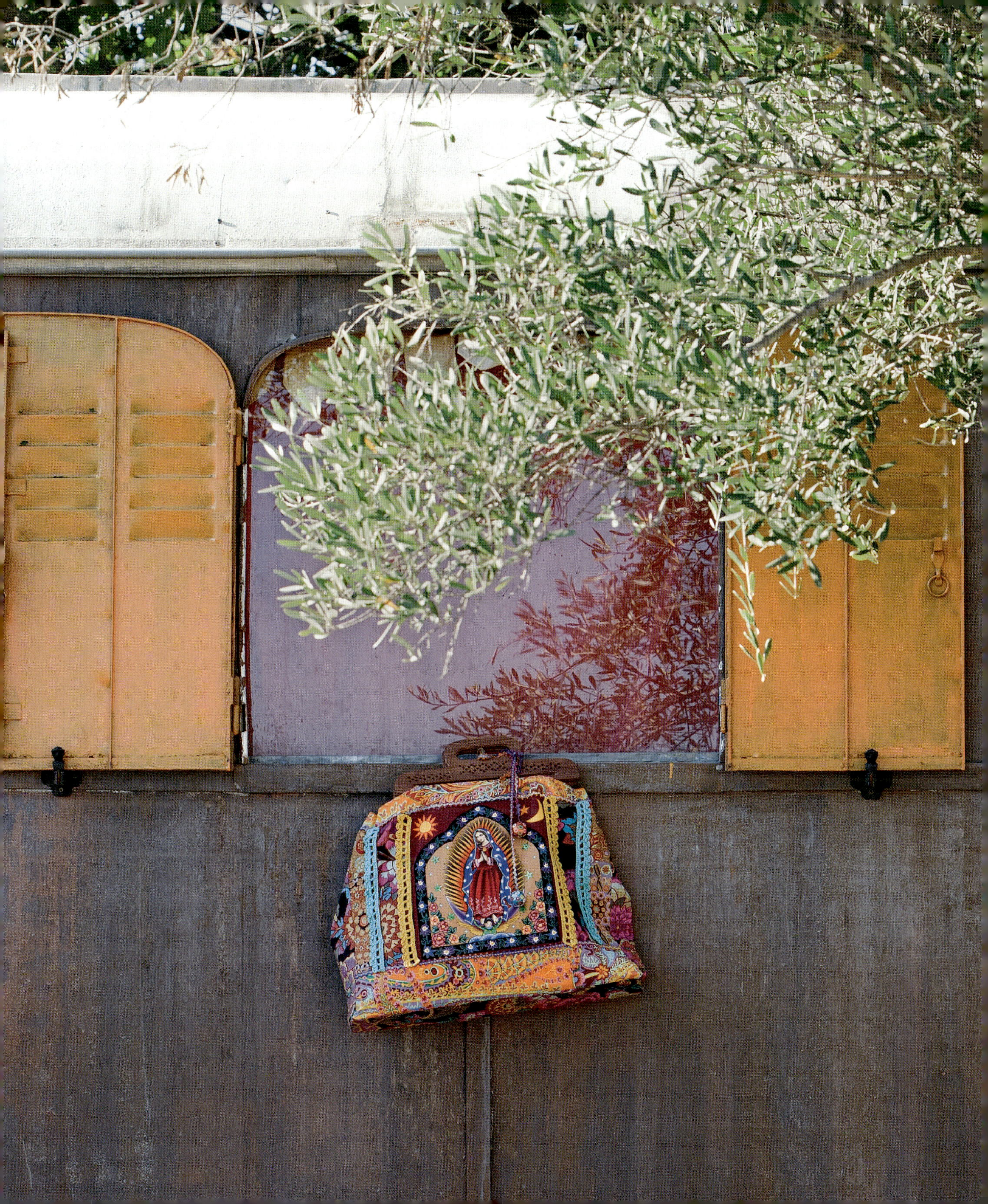

Fichu à nouer

Simplement noué autour de la tête,
il donne un style fou !

FOURNITURES

- *De la laine*
- *Des perles triangles : environ 80*
- *1 crochet n° 3,5*

POINTS EMPLOYÉS

- *Maille en l'air (ml)*
- *Maille serrée (ms)*
- *Bride (br)*

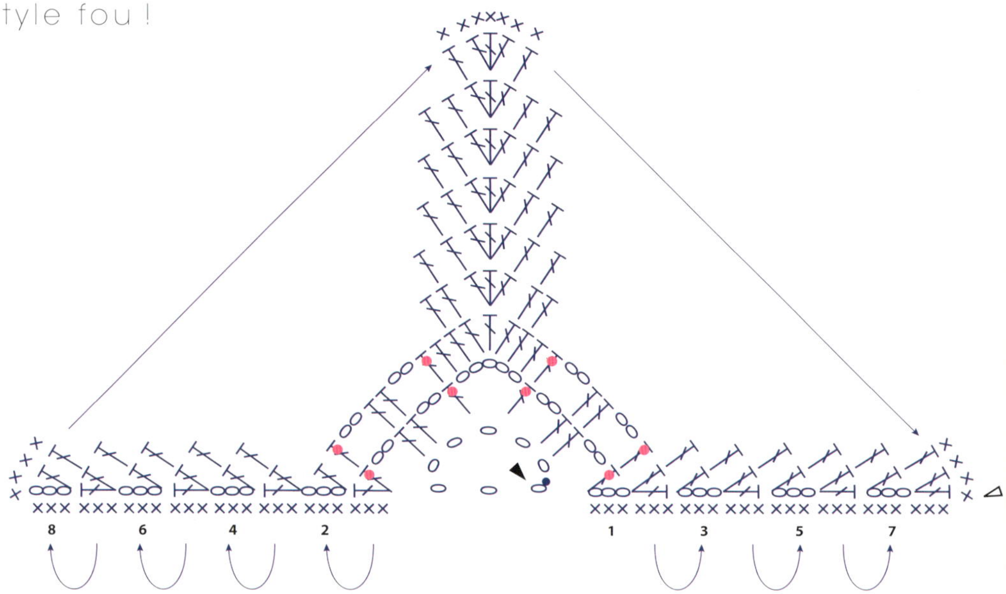

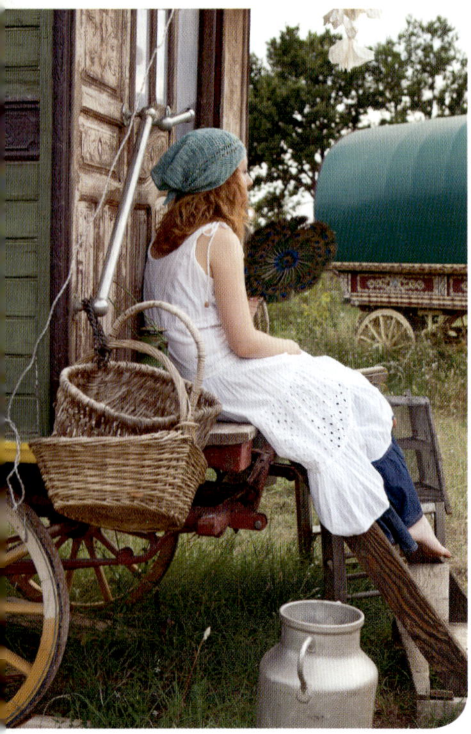

LA PRÉPARATION

Enfilez toutes les perles sur le fil : vous les placerez en crochetant au fur et à mesure du travail.

Les perles triangulaires ont la particularité de bien se placer sur le travail, et il suffit de crocheter la perle en même temps que la bride, en veillant à ce qu'elle reste bien sur l'endroit du travail. Les perles se crochètent sur les rangs impairs, comme indiqué sur le schéma.

Faites une chaînette de base de 8 ml, fermez par 1 mc.

Rg 1 : en crochetant dans le cercle, 3 ml, 1 br, 2 ml, 2 br, 2 ml, 1 br, 5 ml, 1 br, 2 ml, 2 br, 2 ml, 2 br.

Rg 2 : 3 ml, 1 br dans la 1re m., 1 br, 2 ml, 2 br, 2 ml, 1 br, 7 br dans l'arceau, 1 br, 2 ml, 2 br, 2 ml, 1 br, 2 br dans la dernière m.

Rg 3 : 3 ml, 1 br dans la 1re m., 2 br, 2 ml, 2 br, 2 ml, 4 br, 3 br dans la même m., 4 br, 2 ml, 2 br, 2 ml, 2 br, 2 br dans la dernière m.

Rg 4 : 3 ml, 1 br dans la 1re m., 3 br, 2 ml, 2 br, 2 ml, 5 br, 3 br dans la même m., 5 br, 2 ml, 2 br, 2 ml, 3 br, 2 br dans la dernière m.

Rg 5 : 3 ml, 1 br dans la 1re m., 4 br, 2 ml, 2 br, 2 ml, 6 br, 3 br dans la même m., 6 br, 2 ml, 2 br, 2 ml, 4 br, 2 br dans la dernière m.

Rg 6 : 3 ml, 1 br dans la 1re m., 5 br, 2 ml, 2 br, 2 ml, 7 br, 3 br dans la même m., 7 br, 2 ml, 2 br, 2 ml, 5 br, 2 br dans la dernière m.

Rg 7 : 3 ml, 1 br dans la 1re m., 6 br, 2 ml, 2 br, 2 ml, 8 br, 3 br dans la même m., 8 br, 2 ml, 2 br, 2 ml, 6 br, 2 br dans la dernière m.

Rg 8 : 3 ml, 1 br dans la 1re m., 7 br, 2 ml, 2 br, 2 ml, 9 br, 3 br dans la même m., 9 br, 2 ml, 2 br, 2 ml, 7 br, 2 br dans la dernière m.

Rg 9 : 3 ml, 1 br dans la 1re m., 8 br, 2 ml, 2 br, 2 ml, 10 br, 3 br dans la même m., 10 br, 2 ml, 2 br, 2 ml, 8 br, 2 br dans la dernière m.

Continuez en augm. toujours sur le même principe jusqu'à la taille désirée, arrêtez sur un rg pair. Bloquez. Faites 1 rg de ms tout autour de l'ouvrage.

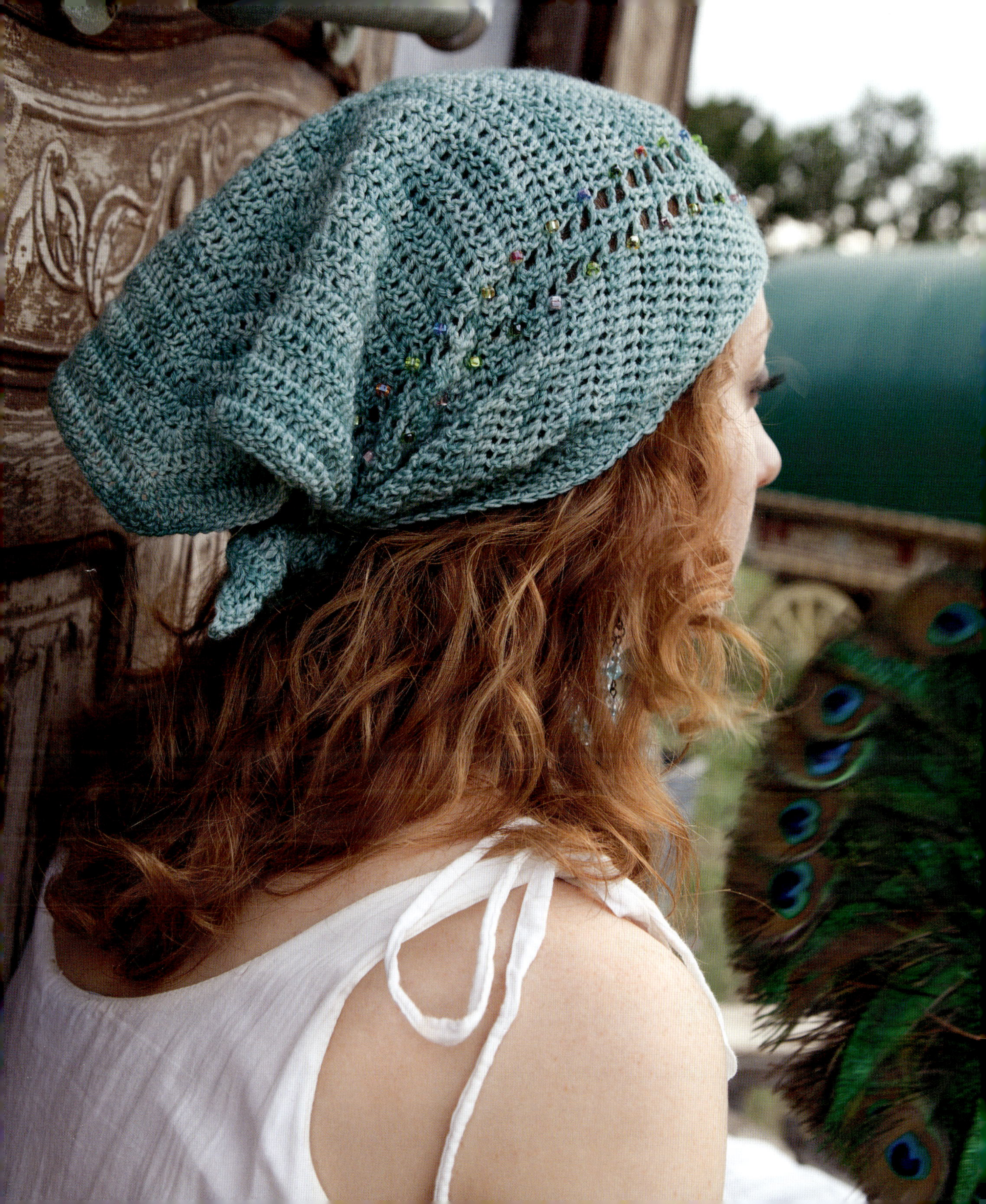

Pochette à pompons

Des pampilles multicolores pour donner un bel esprit aux sacs et pochettes.

FOURNITURES

- *1 pelote de fil aux couleurs changeantes*
- *1 crochet n° 3*
- *1 morceau de lin*
- *Du croquet : 20 cm*
- *Du biais : 40 cm*
- *1 médaillon indien pailleté*

POINTS EMPLOYÉS

- *Maille en l'air (ml)*
- *Bride (br)*

LES PAMPILLES

1. Sur une chaînette de base de 27 ml, 5 br dans la 4e m. à partir du crochet, puis 6 br dans chaque m. 17 fois. La pampille va s'enrouler sur elle-même. Il reste 7 ml.

2. Réalisez 8 pampilles.

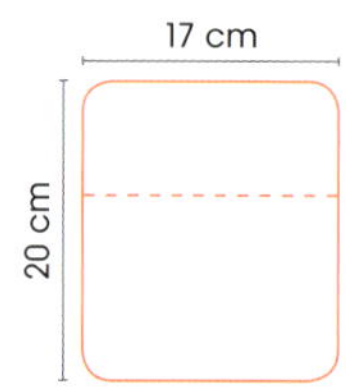

LA POCHETTE

1. Coupez les 2 morceaux de lin (voir le schéma).

2. Cousez les pampilles sur l'arrière du croquet. Collez le galon de croquet et les pampilles sur la partie avant de la pochette.

3. Assemblez les 2 parties de la pochette endroit contre endroit.

4. Retournez, posez le biais autour du rabat, collez le médaillon.

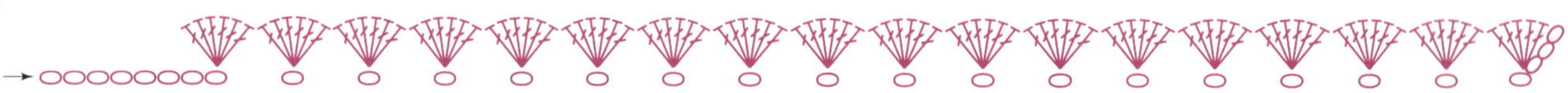

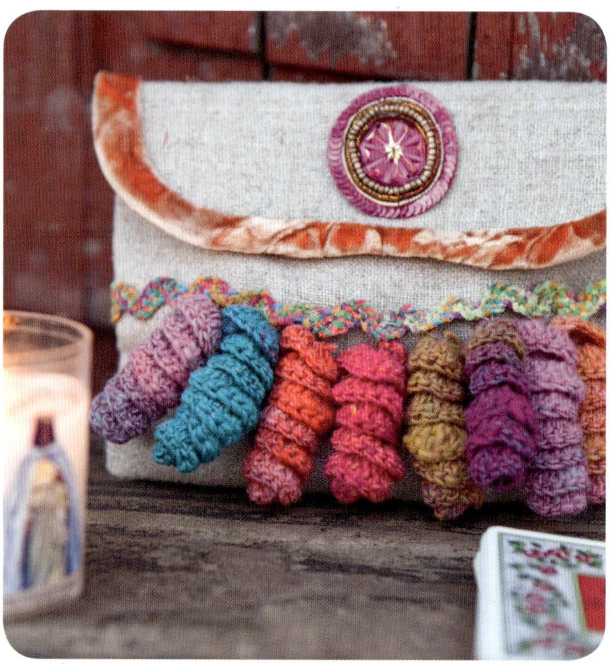

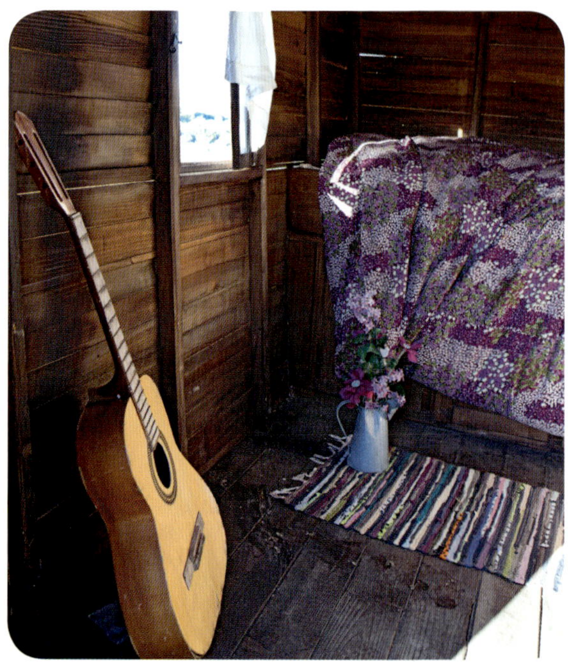

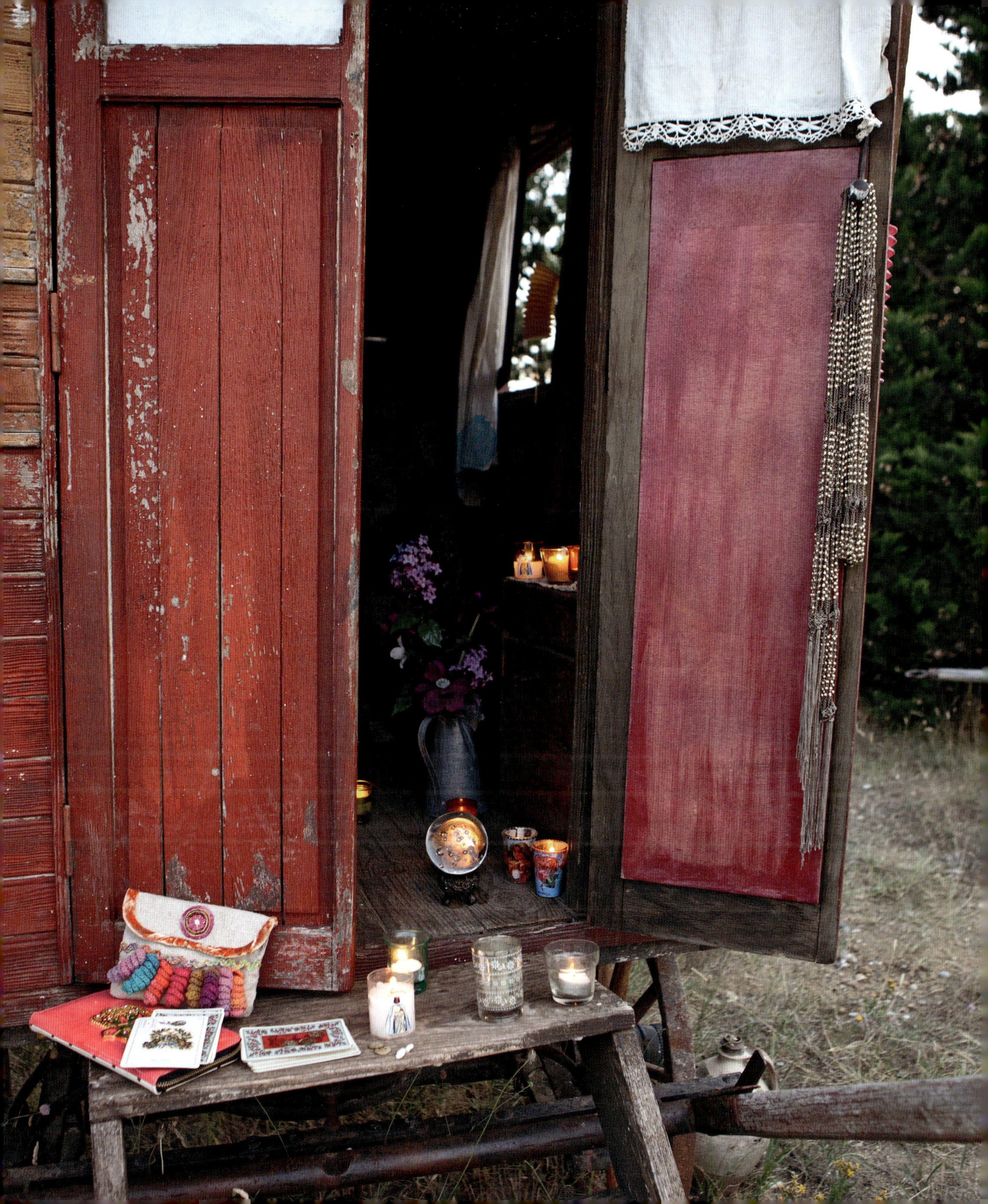

Guirlande à exposer

Des grannies colorés qui bougeront joliment au gré des courants d'air.

FOURNITURES

- *Des restes de fil de coton de toutes les couleurs*
- *1 crochet n° 3*
- *Des chutes de tissu*
- *Des pompons textiles*
- *Des perles, des rubans et des boutons*

POINTS EMPLOYÉS

- *Maille en l'air (ml)*
- *Maille coulée (mc)*
- *Maille serrée (ms)*
- *Bride (br)*
- *Demi-bride (dbr)*
- *Double bride (dlbr)*

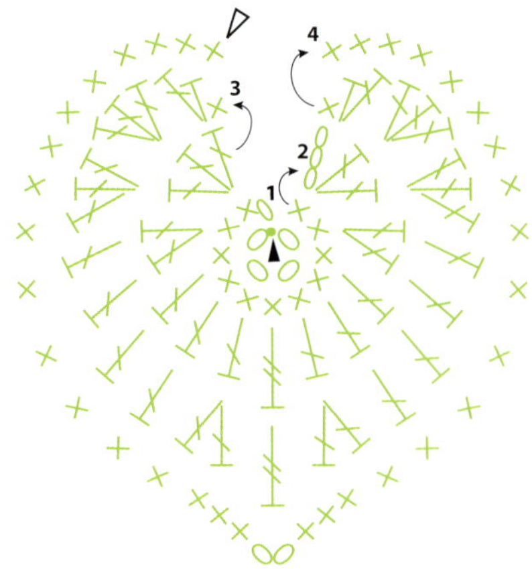

LE CŒUR

Faites une chaînette de base de 4 ml, fermez par 1 mc pour former un cercle.

Rg 1 : 1 ml, puis 11 ms dans le cercle, tournez le trav.

Rg 2 : 3 ml puis 2 br dans la même ms, 2 br dans la m. suiv., 3 br, 1 dlbr, 3 br, 2 br dans la m. suiv., 2 br dans la même m., 3 brides dans la dernière m., tournez le trav.

Rg 3 : 1 ms, 1 dbr, 1 br dans la 1re m., 3 br dans la m. suiv., 3 br dans la m. suiv., 4 br, 2 br dans la m. suiv., 1 dlbr, 2 br dans la m. suiv., 4 br, 3 br dans la m. suiv., 3 br dans la m. suiv., 1 br, 1 dbr, 1 ms dans la dernière, tournez le trav.

Rg 4 : 14 ms, 3 ms dans la m. suiv., 2 ml en passant dans la dlbr de la pointe, 3 ms dans la m. suiv., 14 ms.

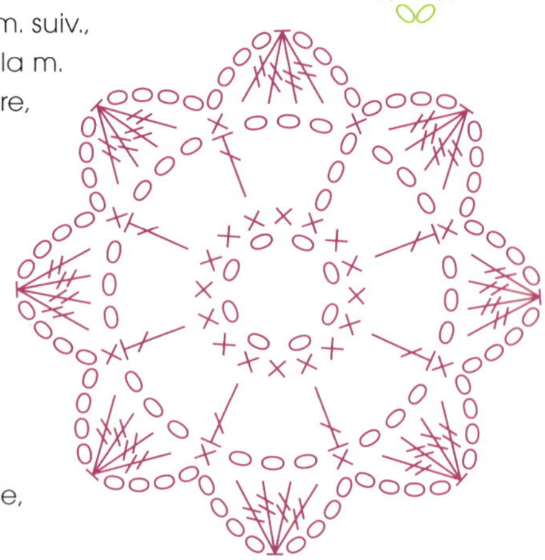

LA FLEUR

Faites une chaînette de 8 ml, fermez par 1 mc pour former un cercle.

Rg 1 : 16 ms en piquant dans le cercle, fermez par 1 mc.

Rg 2 : 6 ml, puis (1 br, 3 ml) 7 fois de façon à obtenir 8 arceaux.

Rg 3 : 4 ml, 5 br fermées ens. 3 ml, 1 ms sur la br du rg préc., (3 ml, 5 br fermées ens., 3 ml, 1 ms), de façon à former 8 pétales, 1 mc sur la ml du début de rg.

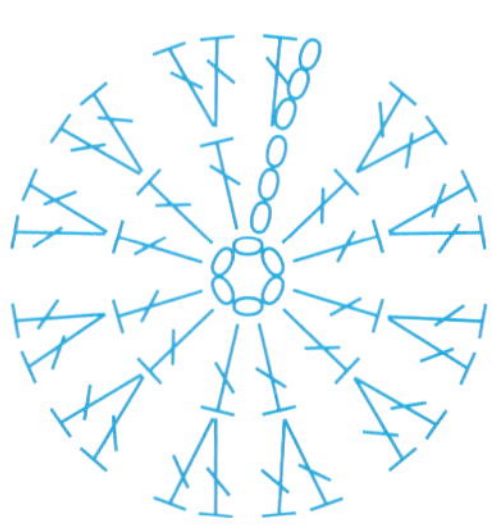

LE CERCLE CROCHETÉ

Faites une chaînette de 8 ml, fermez par 1 mc pour former un cercle.

Rg 1 : 3 ml, puis 1 br en piquant dans le cercle, fermez par 1 mc.

Rg 2 : 3 ml, 1 br dans la même m., puis 2 br dans chaque m., fermez par 1 mc.

LE CERCLE DE TISSU

Coupez des cercles de tissu de 7 cm de diamètre. Assemblez-les endroit contre endroit, laissez une ouverture, crantez, retournez.

L'ASSEMBLAGE

Crochetez des chaînettes de différentes longueurs. Coupez des rubans de 15 cm de long, formez des petits nœuds, préparez autant d'éléments qu'il vous plaira, et assemblez-les à votre guise.

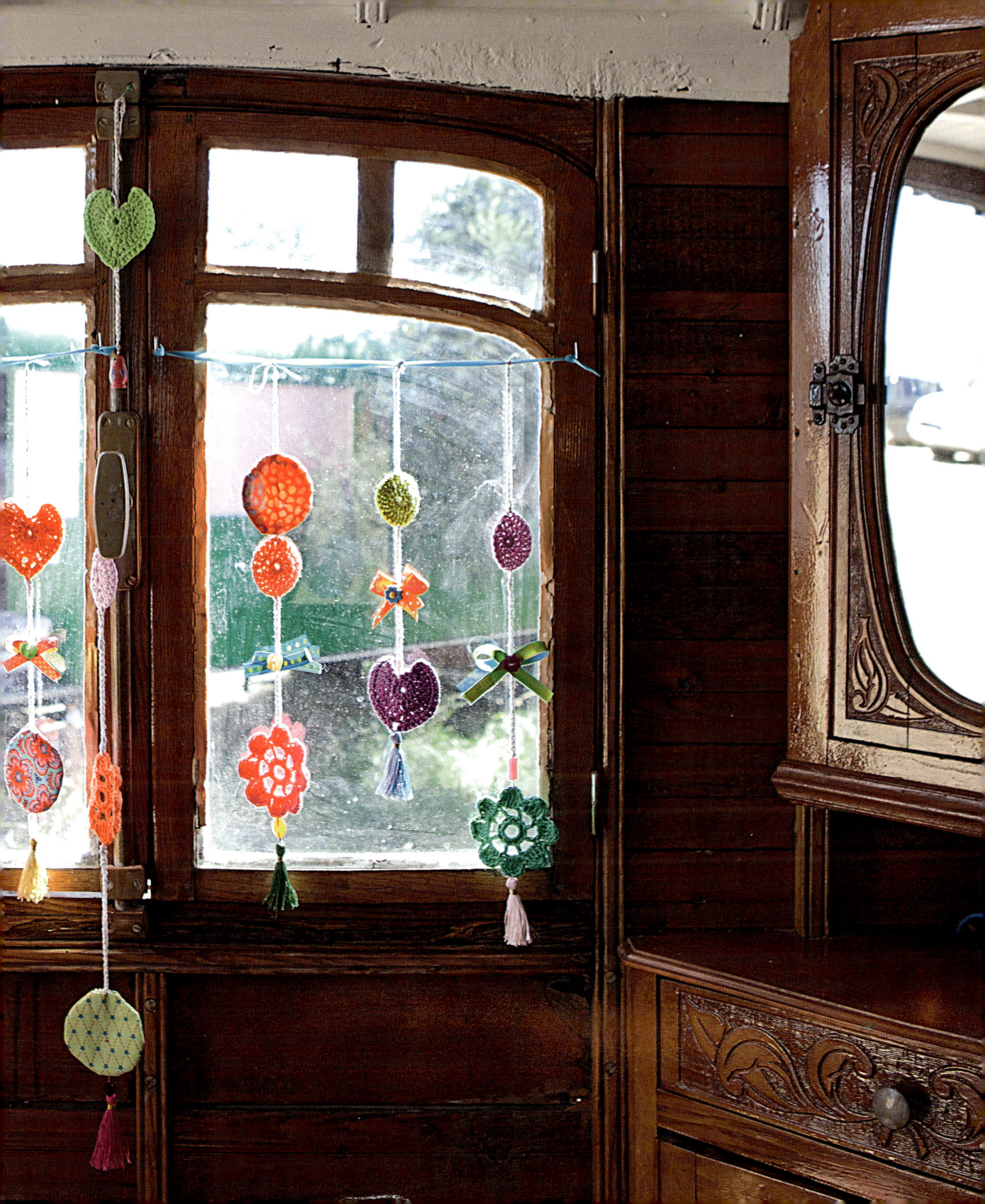

LISTE DES FOURNITURES UTILISÉES DANS LES CRÉATIONS

Pour la photo de matériel : L'OisiveThé, Le Comptoir, Au fil d'Emma, Ma Petite Mercerie, Marimerveille, Une Fée dans l'Atelier.

Cache-épaules millefiori, p. 16 : fil Poll Dorset Renaissance Dyeing, L'OisiveThé.
Écharpe étoilée, p. 20 : fil qualité Drops Delight.
Coussin nomade, p. 22 : restes de laine, galons pompons Ma Petite Mercerie, tissus Au Fil d'Emma.
Suspension baroque, p. 26 : coton Fifty, Bergère de France.
Collier chatoyant, p. 28 : perles et breloques, Perles & Co. Coton Ricamo 8, Le Comptoir.
Nappe tzigane, p. 30 : fil Socktopus Sokkusu, L'OisiveThé. Tissu patchwork, Au Fil d'Emma. Boutons, Ma Petite Mercerie
Cadre Frida, p. 34 : toile Pödane, restes de coton, tissu Philip Jacobs, Au Fil d'Emma.
Châle de bohémienne, p. 38 : soie Origin', Bergère de France.
Sac russe, p. 40 : laine Koigu, L'OisiveThé. Châle russe, Une Fée dans l'Atelier. Boutons, Ma Petite Mercerie.
Carte postale dentelée, p. 44 : illustration Monique Bonnin. Fil Lorna's Laces, L'OisiveThé.
Bracelet porte-bonheur, p. 46 : pampilles Perles & Co. Coton Ricamo 8, Le Comptoir.
Aumônière à froufrous, p. 48 : laine Juno Buffy, L'OisiveThé. Fermoir, Au Fil d'Emma.
Roulotte aux trésors, p. 52 : coton Fifty Bergère de France. Tissus et Jeffytex, Au Fil d'Emma.
Sac Guadalupe, p. 56 : tissus Kaffe Fassett, Au Fil d'Emma. Anses en bois, Le Comptoir.
Fichu à nouer, p. 58 : laine Juno Buffy : L'OisiveThé. Perles triangles Miyuki : Perles & Co.
Pochette à pompons, p. 60 : fil Noro, Le Comptoir.
Guirlande à exposer, p. 62 : pompons textiles, Perles & Co. Rubans et boutons, Ma Petite Mercerie.

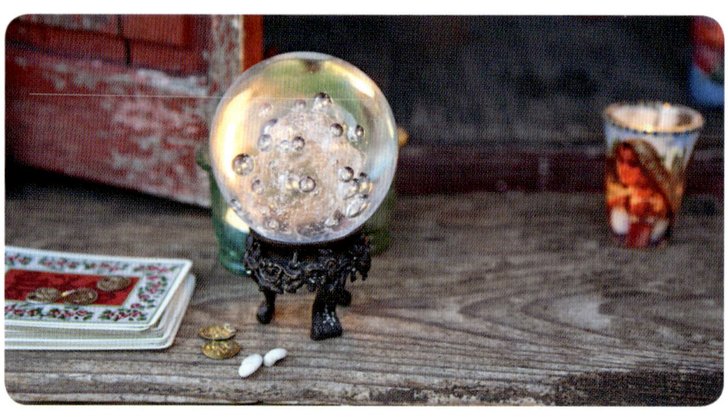

Achevé d'imprimer en novembre 2012,
en Espagne, par Edelvives.